YAA-HOO!BÜCHER

瞑想

Meditation

OSHO

WAS IST
MEDITATION?

YAA-HOO!BÜCHER

Titel der englischen Originalausgabe:
What is Meditation, by Osho

Copyright © 1995 by Osho International Foundation
First published in Great Britain in 1995
by Element Books Limited, Shaftesbury, Dorset.
Copyright © 1996 der deutschen Übersetzung
by YAA-HOO!BÜCHER, Zürich
Photo/Illustrationcopyright © by Osho International Foundation
and YAA-HOO!BÜCHER, Zürich
Printed in Germany

Deutsche Übersetzung: Deva Pratito
und Anand Tushir
Illustration: Amrita Deepa
Gestaltung: Nirvikar
Satz: YAA-HOO!DESIGN
Herstellung: Clausen & Bosse, Leck

ISBN: 3-909910-07-6

MEDITATION IST

SPIELERISCH
KREATIV
AUFMERKSAMKEIT
DEINE NATUR
NICHTTUN
ZEUGE SEIN
EIN SPRUNG
WISSENSCHAFTLICH
EIN EXPERIMENT
STILLE
DAS PARADIES
ERINNERN
FREIHEIT
SENSIBILITÄT
REIFEN
KEINE FLUCHT
EIN KNIFF
KLARHEIT
LEERE
INTELLIGENZ
ERBLÜHEN
BEWUSSTHEIT
SPASS
VERSTEHEN
ENTZÜCKEN
ENTSPANNUNG
KÜHL
EINSSEIN
REGENERATION
RUHEN
MEISTERSCHAFT
IM ZWISCHENRAUM
IN DER GEGENWART
EIN EREIGNIS
TRANSFORMATION
HEIMKEHR
FREUDE AM LEBEN

ZEN

Einleitung

Früher sah die Welt natürlich ganz anders aus. Die gleichen Sinnesreize, denen wir vor sechshundert Jahren in sechs Wochen ausgesetzt waren, strömen heute innerhalb eines einzigen Tages auf uns ein. An einem einzigen Tag erhalten wir heute Reize und Informationen von sechs Wochen – das bedeutet einen etwa vierzigfachen Druck, zu lernen und uns anzupassen. Der moderne Mensch muß mehr lernen können als je zuvor, weil es heutzutage mehr zu lernen gibt. Der moderne Mensch muß die Fähigkeit erwerben, sich jeden Tag neuen Situationen anzupassen, weil die Welt sich derart schnell verändert. Dies ist eine große Herausforderung.

Sich einer so großen Herausforderung zu stellen bedeutet eine ungeheure Chance für das Wachstum von Bewußtsein. Entweder wird der moderne Mensch völlig neurotisch, oder er wird sich allein durch diesen Druck verwandeln. Es hängt alles davon ab, wie wir uns darauf einstellen. Eins ist sicher: Das Rad läßt sich nicht zurückdrehen. Die sensorischen Reize werden immer mehr zunehmen. Es werden ständig mehr Informationen auf uns einströmen, das Leben wird sich in immer schnellerem Rhythmus verändern, und man muß Neues lernen und sich ihm anpassen.

Früher lebte der Mensch in einer fast statischen Welt. Alles blieb so, wie es war. Man ließ die Welt genauso zurück, wie man sie von seinem Vater erhalten hatte, ohne das Geringste daran zu verändern. Und weil sich nichts veränderte, brauchte man nicht allzuviel zu lernen. Ein wenig dazuzulernen genügte, und deshalb hatte man Platz im Kopf, freien Raum, der es einem ermöglichte, geistig gesund zu bleiben.

Heutzutage gibt es diesen freien Raum nicht mehr, es sei denn, man erschafft ihn bewußt.

Meditation ist heute nötiger als je zuvor. Meditation stellt eine solche Notwendigkeit dar, daß es beinahe eine Frage von Leben und Tod geworden ist. In der Vergangenheit war Meditation ein Luxus; nur wenige Menschen – ein Buddha, ein Mahavira, ein Krishna – waren daran interessiert. Die übrigen Menschen waren von Natur aus still, von Natur aus glücklich und gesund. Sie hatten es gar nicht nötig, an Meditation zu denken, denn auf unbewußte Art meditierten sie bereits. Das Leben floß so ruhig und langsam dahin, daß selbst die einfältigsten Leute damit Schritt halten konnten. Heutzutage verändert sich alles so ungeheuer schnell, mit einer derartigen Geschwindigkeit, daß selbst die intelligentesten Menschen außerstande sind, Schritt zu halten. Jeden Tag sieht das Leben anders aus, und du mußt aufs neue dazulernen, immer wieder aufs neue dazulernen. Heute darfst du nie aufhören zu lernen, es muß ein lebenslanger Prozeß werden. Bis zum letzten Atemzug mußt du ein Lernender bleiben, nur dann kannst du geistig gesund

Einleitung

sein, nur dann kannst du eine Neurose vermeiden. Und der Druck ist riesig – vierzigmal größer.

Wie kann man sich unter diesem Druck entspannen? Du mußt dir bewußt meditative Augenblicke suchen. Wer nicht wenigstens eine Stunde am Tag meditiert, wird nicht aus purem Zufall neurotisch, sondern zieht sich eigenmächtig eine Neurose zu.

Eine Stunde lang sollte er der Welt den Rücken kehren und sich in sein Inneres vertiefen. Eine Stunde lang sollte er so alleine sein, daß nichts in ihn eindringt – keine Erinnerung, kein Gedanke, keine Vorstellung. Eine Stunde lang ist sein Bewußtsein ohne jeden Inhalt. Das wird ihn verjüngen, wird ihn erquicken, wird neue Energiequellen in ihm freisetzen. Und er wird jünger und frischer in diese Welt zurückkommen, lernfähiger, mit mehr Staunen in den Augen, mit größerer Ehrfurcht im Herzen – er wird wieder zum Kind.

Osho, The Secret of Secrets

Meditation ist spielerisch

Meditation hat nichts mit Denken zu tun, ihr Reich liegt jenseits des Verstandes. Und man sollte von Anfang an spielerisch damit umgehen. Wenn du spielerisch damit umgehst, kann der Verstand deiner Meditation nichts anhaben. Andernfalls wird er einen neuen Ego-Trip daraus machen, und du wirst sehr ernst dabei werden. Du wirst denken: »Ich bin ein großer Meditierer. Ich bin heiliger als die andern. Die ganze Welt ist bloß weltlich – ich dagegen bin religiös, ich bin tugendhaft.« So ist es Tausenden von sogenannten Heiligen, Moralisten und Puritanern ergangen. Sie spielen nur Ego-Spiele, subtile Ego-Spiele.

Deshalb möchte ich diesen Trip gleich zu Anfang mit Stumpf und Stiel ausmerzen. Sei spielerisch mit Meditation. Sie ist ein Lied – du kannst sie singen; sie ist ein Tanz – du kannst sie tanzen. Freue dich daran, und du wirst staunen: Wenn du Meditation spielerisch nimmst, wird sie wachsen und gedeihen.

Du strebst nach keinem Ziel, du genießt es, still dazusitzen, einfach dazusitzen, ohne dir davon irgendwelche Yogakräfte, *Siddhis* oder Wunder zu erhoffen. Das ist alles Unsinn. Der gleiche alte Unsinn, das gleiche alte Spiel, nur mit neuen Worten, auf einer neuen Ebene ...

Das Leben als solches ist als ein kosmischer Witz zu verstehen. Dann entspannst du dich plötzlich, denn es gibt keinen Grund mehr, angespannt zu sein. Und in

Meditation ist spielerisch

dieser Entspannung verändert sich auf einmal etwas in dir – eine radikale Veränderung, eine Transformation –, und die kleinen Dinge des Lebens gewinnen eine neue Bedeutung, einen neuen Sinn. Dann ist nichts mehr gering, dann erhält alles einen neuen Geschmack, eine neue Aura. Überall spürst du einen Hauch des Göttlichen. Du wirst jedoch nicht zum Christen, nicht zum Hindu, nicht zum Mohammedaner; du wirst ein Verehrer des Lebens. Du lernst nur eins: wie man sich am Leben erfreut.

Und die Freude am Leben ist der Weg hin zu Gott. Tanze deinen Weg zu Gott, lache deinen Weg zu Gott, singe deinen Weg zu Gott!

Meditation ist kreativ

Du hast dir eine bestimmte Lebensweise angewöhnt – möchtest du nicht anders leben? Du hast dir eine bestimmte Denkweise angewöhnt – möchtest du nicht ein paar neue Lichtblicke in dein Wesen gewinnen? Dann sei wachsam und höre nicht auf den Verstand.

Der Verstand ist deine Vergangenheit, die dauernd versucht, deine Gegenwart und deine Zukunft zu kontrollieren. Die tote Vergangenheit bestimmt unaufhörlich über die lebendige Gegenwart. Achte einfach darauf.

Doch wie geht das vor sich? Wie schafft der Kopf es stets aufs neue?

Er bedient sich folgender Methode. Er sagt: »Wenn du nicht auf mich hörst, wirst du nicht so effizient sein wie ich. Wenn du etwas Altbekanntes machst, bist du effizienter, weil du es schon kennst. Wenn du etwas Neues machst, wirst du nicht so effizient sein.« Der Kopf spricht wie ein Wirtschaftsfachmann, wie ein Leistungsexperte. Er redet dir ständig ein: »So geht es leichter. Warum den schwierigen Weg wählen? Dies ist der Weg des geringsten Widerstandes.«

Denke daran: Immer wenn du zwei Möglichkeiten hast, zwei Alternativen, dann wähle die neue. Wähle die schwierigere, wähle diejenige, die mehr Bewußtheit erfordert. Gib der Bewußtheit stets den Vorzug vor der Effizienz, und du schaffst dir damit eine Situation, in der Meditation möglich wird. Das alles sind nur Situationen.

Meditation ist kreativ

Meditation wird sich einstellen – ich sage nicht, daß du allein schon durch diese Situationen zu Meditation gelangst, aber sie sind hilfreich. Sie werden in dir das notwendige Klima bewirken, ohne das sich Meditation nicht einstellen kann.

Sei weniger leistungsbezogen und dafür kreativer. Laß das deine Richtschnur sein. Kümmere dich nicht zu sehr um nützliche Ziele. Denke vielmehr ständig daran, daß du nicht auf dieser Welt bist, um ein Gebrauchsgut zu werden. Du bist nicht um der Nützlichkeit willen hier, das ist unter deiner Würde. Du bist nicht hier, um noch effizienter zu werden. Du bist hier, um immer lebendiger zu werden; du bist hier, um immer intelligenter zu werden; du bist hier, um immer glücklicher zu werden, ekstatisch glücklich. Doch das geht ganz andere Wege als der Verstand.

Meditation ist Aufmerksamkeit

Schenke jeder Tätigkeit deine volle Aufmerksamkeit, dann werden selbst die kleinen Dinge heilig. Dann werden Kochen oder Saubermachen zu etwas Heiligem; sie werden zur Andacht.

Es geht nicht darum, *was* du tust, es geht darum, *wie* du es tust. Du kannst den Fußboden wie ein Roboter putzen, vollkommen mechanisch; er muß geputzt werden, also putzt du ihn. Doch dann entgeht dir etwas Schönes. Dann vergeudest du diese Augenblicke, weil du bloß den Boden putzt. Den Fußboden zu putzen hätte zu einer wichtigen Erfahrung werden können. Du hast die Gelegenheit verpaßt. Der Fußboden ist zwar sauber, aber etwas, was in dir hätte geschehen können, ist nicht geschehen. Wärst du bewußt gewesen, hätte nicht nur der Boden, sondern auch du selbst etwas tief Reinigendes erfahren. Sei völlig aufmerksam, wenn du den Boden saubermachst, sei hellwach. Ob du arbeitest, sitzt oder gehst – eins sollte sich wie ein roter Faden durch alles ziehen: Laß die Flamme der Bewußtheit in jedem Augenblick, in jeder deiner Handlungen brennen. Die kumulative Wirkung all dieser Augenblicke ist Erleuchtung. Alle diese kleinen Flammen zusammen werden zu einer einzigen großen Lichtquelle.

Meditation ist deine Natur

Was ist Meditation?

Ist es eine Technik, die man praktizieren kann? Mußt du dich anstrengen dafür? Ist es etwas, was der Verstand bewirkt? Nein, das ist es nicht. Alles, was das Denken zuwege bringt, kann nicht Meditation sein. Meditation ist etwas jenseits des Denkens, der Kopf ist dort völlig hilflos. Der Verstand kann nicht in Meditation eindringen; Meditation beginnt dort, wo das Denken aufhört. Es ist wichtig, sich stets daran zu erinnern, weil wir alles, was wir im Leben tun, mit Hilfe des Denkens tun, weil wir alles, was wir erreichen, durch den Verstand erreichen. Und wenn wir uns dann nach innen wenden, denken wir wiederum in Begriffen von Techniken, von Methoden, von Tun, denn unsere ganze Lebenserfahrung zeigt uns, daß alles mit dem Verstand getan werden kann.

Ja, außer Meditation kann man alles mit dem Verstand tun. Alles wird mit dem Denken bewirkt, nur Meditation nicht. Denn Meditation ist keine Errungenschaft – sie ist bereits da, sie ist deine Natur. Man braucht sie nicht zu erringen, man muß sie nur wiedererkennen, man muß sich nur an sie erinnern. Sie ist da und wartet auf dich; nur eine Kehrtwendung nach innen, und sie ist dir zugänglich. Du hast sie seit jeher mit dir getragen. Meditation ist deine eigentliche Natur – das, was du bist, dein Sein. Sie hat nichts mit deinen Tätigkeiten zu tun. Du kannst sie nicht haben, und du kannst sie auch nicht

missen. Sie läßt sich nicht besitzen, sie ist keine Sache.
Meditation – das bist du. Meditation ist dein Sein.

Meditation ist Nichttun

Wenn Leute zu mir kommen und fragen: »Wie meditiert man?«, so antworte ich: »Fragt mich nicht, wie man meditiert, fragt nur, wie man untätig bleibt. Meditation geschieht ganz von selbst. Fragt also nur, wie man untätig bleibt, das reicht. Das ist der ganze Trick bei der Meditation – untätig zu bleiben. Dann könnt ihr nichts tun, und Meditation wird erblühen.«

Wenn du nichts tust, bewegt sich die Energie zum Zentrum hin und sammelt sich dort. Wenn du etwas tust, bewegt sich die Energie nach außen. Tun ist ein Weg nach außen. Nichttun ist ein Weg nach innen. Sich zu beschäftigen ist eine Flucht. Selbst die Bibellektüre kann zu einer Beschäftigung werden. Zwischen einer religiösen Beschäftigung und einer weltlichen Beschäftigung gibt es keinen Unterschied; Beschäftigung ist Beschäftigung. Sie hilft dir, dich an Äußeres, an Unwesentliches zu hängen. Sie ist ein Vorwand, um draußen zu bleiben.

Der Mensch ist unwissend und blind, und er möchte unwissend und blind bleiben, denn wenn er nach innen geht, scheint er in ein Chaos zu geraten. Und so ist es auch. Du hast in dir drin ein Chaos erzeugt. Aber du mußt dich diesem Chaos stellen, du mußt da hindurch. Dazu braucht es Mut – den Mut, nach innen zu gehen, den Mut, du selbst zu sein. Ich kenne keinen größeren Mut als diesen – den Mut, meditativ zu sein.

Die Menschen, die draußen bleiben, die beschäftigt

Meditation ist Nichttun

sind - ob mit weltlichen oder mit nichtweltlichen Angelegenheiten tut nichts zur Sache -, sind da jedoch ganz anderer Meinung, sie verbreiten ihre eigenen Ansichten und folgen ihren eigenen Philosophen. Wenn du introvertiert bist, sagen sie, bist du irgendwie kränklich; irgend etwas stimmt mit dir nicht. Und sie sind in der Mehrzahl. Wenn du meditierst, wenn du still dasitzt, machen sie sich über dich lustig: »Was tust du da? Starrst du deinen Nabel an? Was machst du eigentlich? Dein drittes Auge öffnen? Was soll das? Bist du krank? Was gibt es in uns drin schon zu tun? Da drin ist nichts.«

Für die Mehrzahl der Menschen existiert das Innere nicht, nur das Äußere existiert. Und dabei ist genau das Gegenteil der Fall - nur das Innen ist wirklich. Das Außen ist nichts als ein Traum. Und doch nennt man introvertierte Menschen morbide, nennt man Meditierer morbide. Im Westen glaubt man, daß der Osten ein bißchen morbide sei. Wozu soll das gut sein, so alleine dazusitzen und nach innen zu schauen? Was ist dort schon zu holen? Da gibt es ja gar nichts.

David Hume, einer der großen englischen Philosophen, hat es einmal versucht, weil er die Upanischaden studierte und diese immer wieder sagen: Gehe nach innen, gehe nach innen, gehe nach innen - das ist ihre einzige Botschaft. Also versuchte er es. Er schloß einen Tag lang die Augen - ein völlig weltlicher Mensch, sehr logisch, sehr

Meditation ist Nichttun

empirisch, ganz und gar nicht meditativ. Er schloß die Augen und sagte: »Wie langweilig! Nach innen zu schauen ist todlangweilig. Gedanken ziehen vorbei, ab und zu ein paar Gefühle, sie jagen dir ständig durch den Kopf, und du schaust sie an. Was soll das? Es ist sinnlos. Es führt zu nichts.«

Und so sehen das viele Menschen. Die meisten teilen Humes Standpunkt: Was gibt's denn da drin schon zu holen? Es ist dunkel dort, Gedanken schwirren herum. Was soll man damit anfangen? Was schaut dabei heraus?

Wenn Hume jedoch ein wenig länger gewartet hätte - was solchen Leuten schwerfällt ... Wenn man etwas Geduld aufbringt, verschwinden die Gedanken, legen sich die Gefühle nach und nach. Doch wenn ihm das passiert wäre, hätte er wohl gesagt: »Das ist ja noch schlimmer, denn jetzt kommt Leere. Vorher waren wenigstens Gedanken da, etwas, womit man sich beschäftigen konnte, was man anschauen konnte, worüber man nachdenken konnte. Jetzt sind sogar die Gedanken verschwunden; nur Leere ... Was soll ich denn mit Leere anfangen? Sie ist völlig nutzlos.«

Aber wenn man noch ein wenig wartet, verschwindet auch die Dunkelheit. Es ist genauso, wie wenn du aus der gleißenden Sonne kommst und ins Haus gehst. Alles sieht dunkel aus, weil deine Augen sich erst umgewöh-

Meditation ist Nichttun

nen müssen. Sie haben sich auf die heiße Sonne draußen eingestellt; im Vergleich dazu sieht es in deinem Haus dunkel aus. Du kannst nichts sehen, es kommt dir vor, als sei es Nacht. Aber wenn du wartest, wenn du dich auf einen Stuhl setzt und dich ausruhst, gewöhnen sich die Augen nach ein paar Sekunden um. Jetzt ist es nicht mehr so dunkel, es ist schon ein wenig heller. Nach einer Stunde Ruhe ist alles hell, ist nirgends mehr Dunkelheit.

Wenn Hume ein wenig länger gewartet hätte, wäre auch die Dunkelheit verschwunden. Weil du viele Leben draußen in der heißen Sonne gelebt hast, sind deine Augen fixiert. Sie haben ihre Beweglichkeit verloren. Sie müssen sich umgewöhnen. Wenn man ins Haus kommt, dauert es eine kleine Weile. Es braucht ein wenig Geduld. Sei nicht in Eile.

In Eile kann sich niemand kennenlernen. Es ist ein sehr, sehr tiefes Warten. Unendliche Geduld ist nötig. Nach und nach verschwindet die Dunkelheit; ein Licht erscheint, das keinen Ursprung hat. Keine Flamme speist es, keine Lampe brennt, keine Sonne leuchtet. Ein Licht so wie am Morgen, wenn die Nacht entschwunden und die Sonne noch nicht aufgegangen ist. Oder so wie am Abend im Dämmerlicht, wenn die Sonne untergegangen und die Nacht noch nicht herabgestiegen ist. Aus diesem Grund nennen die Hindus ihre Gebetszeit *Sandhya. Sandhya* bedeutet Zwielicht, Licht ohne jeden Ursprung.

Meditation ist Nichttun

Wenn du nach innen gehst, wirst du zu diesem Licht ohne jeden Ursprung finden. In diesem Licht beginnst du zum ersten Mal dich selbst zu verstehen, beginnst du zu verstehen, wer du bist, denn dieses Licht bist du. Du bist dieses Zwielicht, dieses *Sandhya*, diese reine Klarheit, diese Wahrnehmung, wo der Beobachter und das Beobachtete verschwinden und nur das Licht bleibt.

Meditation ist Zeuge sein

Meditation beginnt damit, vom Denken getrennt zu sein, Zeuge zu sein. Das ist der einzige Weg, von irgend etwas Abstand zu nehmen. Wenn du das Licht anschaust, ist eins gewiß: Du bist nicht das Licht, du bist der, der es ansieht. Schaust du Blumen an, ist eins gewiß: Du bist nicht die Blume, du bist der Beobachter.

Beobachten ist der Schlüssel zur Meditation: Beobachte, was in deinem Kopf vorgeht.

Tue gar nichts, weder ein Mantra aufsagen noch den Namen Gottes herbeten. Schaue einfach allem zu, was der Kopf anstellt. Störe ihn nicht dabei, hindere ihn nicht, unterdrücke ihn nicht, trage nichts dazu bei. Bleibe lediglich ein Beobachter. Und das Wunder des Beobachtens ist Meditation. Während du beobachtest, wird der Kopf nach und nach gedankenleer; doch du schläfst nicht etwa ein, sondern wirst wacher und bewußter.

Sobald der Kopf vollkommen leer ist, wird deine gesamte Energie zu einer Flamme der Bewußtheit. Diese Flamme ist das Ergebnis von Meditation. Meditation ist also gewissermaßen ein anderer Name für Beobachten, Zeuge sein, Zuschauen - ohne jedes Urteil, ohne jede Bewertung. Einfaches Beobachten genügt, und schon bist du nicht mehr im Denkprozess gefangen.

Was Maharishi Mahesh Yogi und andere wie er machen, ist gut, nur bezeichnen sie etwas als Meditation, was gar keine ist. Damit führen sie die Leute in die Irre.

Meditation ist Zeuge sein

Es wäre besser gewesen, aufrichtig und ehrlich zu bleiben und den Leuten zu erklären, daß diese Methode ihre geistige und körperliche Gesundheit fördert und ihnen zu einem entspannteren und friedlicheren Leben verhilft. Doch indem sie sie »Transzendentale Meditation« nannten, jubelten sie etwas ganz Triviales in den Himmel hoch und verliehen ihm eine Bedeutung, die es gar nicht erfüllen kann. Es gibt Menschen, die schon seit Jahren Transzendentale Meditation praktizieren – im Osten sogar seit Jahrtausenden –, doch das hat sie nicht zur Selbsterkenntnis geführt, das hat sie nicht zu einem Gautama Buddha gemacht.

Für ein genaues Verständnis, was Meditation ist, hat Gautama Buddha als erster die richtige, die exakte Definition geliefert: Zeuge sein.

Meditation ist ein Sprung

Du kannst den Verstand nicht hinter dir lassen, solange du dich seiner bedienst. Du mußt einen Sprung tun, und Meditation meint genau diesen Sprung. Deshalb ist Meditation unlogisch, irrational. Und man kann sie auch nicht zu etwas Logischem machen, sie läßt sich nicht auf Vernunft reduzieren. Man muß sie erfahren. Nur durch Erfahrung kennst du sie.

Denke nicht darüber nach, sondern probiere es aus – versuche ein Zeuge deiner eigenen Gedanken zu sein. Setze dich hin, entspanne dich, schließe die Augen und laß die Gedanken vor dir ablaufen, so wie Bilder auf einer Leinwand ablaufen. Sieh ihnen zu, schaue sie dir an, mache sie zu deinen Objekten. Ein Gedanke taucht auf: Schaue ihn dir gründlich an. Denke nicht darüber nach, schaue ihn einfach an. Wenn du anfängst, darüber nachzudenken, dann bist du kein Zeuge mehr – du bist in die Falle gegangen.

Draußen erklingt eine Hupe, und ein Gedanke taucht auf: »Ein Auto fährt vorbei.« Oder ein Hund bellt, oder es geschieht sonst etwas. Denke nicht darüber nach, schaue einfach den Gedanken an. Der Gedanke ist aufgetaucht, hat Gestalt angenommen. Jetzt steht er vor dir. Gleich wird er verschwinden, und ein neuer Gedanke wird an seine Stelle treten. Schaue dir diesen Gedankenprozeß an. Wenn du auch nur einen Augenblick lang diesem Gedankenprozeß zuschauen kannst, ohne darüber

Meditation ist ein Sprung

nachzudenken, hast du etwas dazugewonnen und etwas davon erfahren, Zeuge zu sein. Das ist ein anderer Geschmack als das Denken – etwas völlig anderes. Aber man muß damit experimentieren.

Religion und Wissenschaft sind entgegengesetzte Pole, doch in einem sind sie sich ähnlich. Sie haben den gleichen Schwerpunkt: Wissenschaft beruht auf Experimenten, Religion ebenso. Lediglich die Philosophie ist nicht experimentell. Die Philosophie baut nur auf Gedanken auf. Sowohl die Religion als auch die Wissenschaft bauen beide auf dem Experiment auf – die Wissenschaft auf Objekten, die Religion auf deiner Subjektivität. Wissenschaft beruht darauf, mit anderen Dingen als dir zu experimentieren; Religion experimentiert direkt mit dir selbst.

Das ist schwierig. In der Wissenschaft gibt es den Experimentator, das Experiment und das Objekt, an dem experimentiert wird, also die folgenden drei Teile: Objekt, Subjekt und Experiment. In der Religion bist du alle diese drei gleichzeitig. Du mußt mit dir selbst experimentieren. Du bist das Subjekt, du bist das Objekt, und du bist auch das Laboratorium.

Denke nicht immer weiter. Fange an zu experimentieren, beginne irgendwo. Dann wirst du unmittelbar erfahren, was Denken ist und was es heißt, Zeuge zu sein. Und dann wirst du erkennen, daß du nicht beides gleichzeitig tun kannst, so wie du nicht gleichzeitig laufen und dasitzen kannst. Wenn du läufst, kannst du nicht dasitzen, dann sitzt du nicht. Und wenn du sitzt, dann kannst du nicht laufen. Sitzen ist jedoch keine Funktion der Beine, Laufen dagegen ist eine; Sitzen ist keine Funktion, sondern vielmehr eine Nichtfunktion der Beine. Wenn die Beine funktionieren, sitzt du nicht da. Sitzen ist keine Funktion der Beine - Laufen ist ihre Funktion.

Genauso verhält es sich mit dem Verstand. Denken ist eine Funktion des Verstandes, Zeuge sein ist eine Nichtfunktion des Verstandes. Wenn der Verstand nicht funktioniert, ist Zeuge sein da, ist Bewußtheit da.

Meditation ist wissenschaftlich

Meditation ist eine rein wissenschaftliche Methode. Im wissenschaftlichen Sprachgebrauch nennt man dies Beobachtung, Beobachtung von Objekten. Wenn man sich nach innen wendet, ist es dieselbe Beobachtung, sie macht lediglich eine Kehrtwendung um hundertachtzig Grad und schaut nach innen. Das nennen wir Meditation. Dazu braucht man keinen Gott und auch keine Bibel. Man braucht auch kein Glaubenssystem als Vorbedingung. Ein Atheist kann genausogut meditieren wie jeder andere, denn Meditation ist lediglich eine Methode, sich nach innen zu wenden.

Meditation ist ein Experiment

Du glaubst nicht an Gott? Das ist kein Hindernis für Meditation. Du glaubst nicht an die Seele? Das ist kein Hindernis beim Meditieren. Du glaubst an gar nichts? Das ist kein Hinderungsgrund. Du kannst trotzdem meditieren, denn Meditation lehrt dich nur nach innen zu gehen. Ob es eine Seele gibt oder nicht, spielt keine Rolle; ob es einen Gott gibt oder nicht, spielt keine Rolle.

Eins ist gewiß: Du bist. Ob es dich nach dem Tod gibt oder nicht, ist unwichtig. Nur auf eins kommt es an: Jetzt, in diesem Moment, bist du. Wer bist du? Da hineinzugehen, tiefer in dein eigenes Sein hineinzugehen, ist Meditation. Vielleicht ist das Sein nur etwas Flüchtiges, vielleicht bist du nicht ewig; vielleicht setzt der Tod allem ein Ende. Wir stellen keine Bedingung auf, an die du glauben mußt. Wir sagen nur, daß du experimentieren sollst. Probiere es aus. Eines Tages ist es soweit: Es sind keine Gedanken mehr da. Und wenn die Gedanken verschwinden, bist du plötzlich vom Körper getrennt, denn die Gedanken bilden die Brücke. Durch die Gedanken bist du mit dem Körper verbunden; sie sind das Bindeglied. Plötzlich verschwindet das Bindeglied – dann bist du da, dann ist der Körper da, und zwischen den beiden liegt ein unendlicher Abgrund. Dann wird dir bewußt, daß der Körper sterben wird, du jedoch nicht sterben kannst. Dann ist es nicht mehr so etwas wie ein Dogma, dann ist es kein Glaube, sondern eine Erfahrung, die für sich selbst spricht. Von diesem Tag an gibt es keinen Tod mehr; von diesem Tag an verschwindet der Zweifel, weil du dich jetzt nicht mehr ständig verteidigen mußt. Niemand kann dir etwas anhaben, weil du unzerstörbar bist.

Damit entsteht Vertrauen, überfließendes Vertrauen. Und im Vertrauen zu leben heißt in Ekstase zu leben, im Vertrauen zu leben heißt in Gott zu leben, im Vertrauen zu leben heißt erfüllt zu sein.

Ich sage nicht, du sollst Vertrauen kultivieren. Ich sage, du sollst mit Meditation experimentieren.

Meditation ist Stille

Der Verstand bedeutet Wörter; das Selbst bedeutet Stille. Der Verstand besteht aus nichts anderem als aus all den Wörtern, die du gesammelt hast; Stille ist das, was seit jeher bei dir war, sie ist nichts Angesammeltes. Das ist die Bedeutung des Selbst. Es ist deine ursprüngliche Beschaffenheit. Auf dem Hintergrund von Stille sammelst du ständig Wörter an, und die Gesamtheit dieser Wörter nennt man den Verstand. Stille ist Meditation. Es kommt darauf an, die Gestalt zu verändern, die Aufmerksamkeit von den Wörtern auf die Stille zu lenken, die immer da ist.

Meditation ist das Paradies

Meditation ist ein natürlicher Zustand, den wir verloren haben. Sie ist ein verlorenes Paradies, ein Paradies jedoch, das sich wiedergewinnen läßt. Schau in die Augen eines Kindes ... schau, und du findest tiefe Stille und Unschuld. Jedes Kind kommt in einem meditativen Zustand auf die Welt, doch dann muß es in die Wege der Gesellschaft eingeführt werden – es muß lernen, wie man denkt, wie man rechnet, wie man Schlüsse zieht, wie man argumentiert. Es muß Wörter lernen, Sprache, Konzepte. Und nach und nach verliert es die Verbindung mit seiner eigenen Unschuld. Es wird verdorben und durch die Gesellschaft verunreinigt. Es wird zu einem geölten Mechanismus, es ist kein Mensch mehr.

Es geht einzig darum, jenen ursprünglichen Zustand wiederzugewinnen. Du hast ihn einmal gekannt, deshalb wirst du überrascht sein, wenn du zum ersten Mal in Meditation bist, denn in dir wird ein starkes Gefühl aufsteigen, als würdest du sie bereits kennen. Und dieses Gefühl trügt nicht: Du kennst sie bereits. Du hast vergessen. Der Diamant ist unter einem Haufen Abfall verlorengegangen. Doch wenn du nachgräbst, wirst du den Diamanten wiederfinden – er gehört dir.

Er kann nicht wirklich verloren gehen, er kann nur in Vergessenheit geraten. Wir werden als Meditierer geboren, doch dann lernen wir die Wege des Verstandes. Aber irgendwo tief drinnen verbirgt sich unsere wahre Natur

Meditation ist das Paradies

wie ein unterirdischer Strom. Du brauchst nur ein bißchen zu graben, und schon findest du die sprudelnde Quelle, die Quelle frischen Wassers. Und sie zu finden ist die größte Freude im Leben.

Meditation ist Erinnern

Wo immer du auch bist, erinnere dich deiner selbst, erinnere dich deines Seins. Dieses Bewußtsein, daß du bist, sollte dich ständig begleiten. Nicht dein Name, dein Stand, deine Nationalität – all das ist unwesentlich und völlig nutzlos. Erinnere dich nur an eines: »Ich bin.« Dies gilt es nie zu vergessen. Die Hindus nennen es »Erinnern des Selbst«, Buddha nannte es »rechte Aufmerksamkeit«, Gurdjieff sprach von »Selbsterinnerung« und Krishnamurti von »Bewußtheit«.

Dies ist der Kern von Meditation: sich zu erinnern: »Ich bin.« Beim Gehen, Sitzen, Essen, Sprechen – erinnere dich daran: »Ich bin.« Vergiß es nie. Es wird schwierig sein, es wird dir Mühe bereiten. Am Anfang wirst du es immer wieder vergessen; es wird nur wenige Momente geben, wo du dich im Licht fühlst, dann geht es wieder verloren. Aber laß deswegen den Kopf nicht hängen; solche einzelne Augenblicke bedeuten schon viel. Mache weiter, sobald du dich wieder erinnerst, nimm den Faden wieder auf. Wenn du vergißt, sei unbesorgt – erinnere dich von neuem, nimm den Faden wieder auf, und allmählich werden die Lücken weniger, werden die Unterbrüche verschwinden. Eine Kontinuität entsteht. Und mit einem kontinuierlichen Bewußtsein bist du nicht mehr auf den Verstand angewiesen. Dann planst du nicht mehr im voraus, dann handelst du aus deiner Bewußtheit heraus statt aus dem Verstand. Dann brauchst du nichts

Meditation ist Erinnern

mehr zu rechtfertigen, nichts mehr zu erklären. Dann bist du genauso wie du bist, es gibt nichts zu verbergen. Was du bist, das bist du. Es geht gar nicht anders. Du kannst nur in einem Zustand ständigen Erinnerns sein. Aus diesem Erinnern, aus dieser Aufmerksamkeit entsteht echte Religion, entsteht echte Moral.

Meditation ist Freiheit

Wenn das Leben natürlich und schön verläuft, wenn keine lebensfeindlichen Lehrer, keine Politiker und Priester deine Entwicklung stören, dann wirst du ungefähr im Alter von zweiundvierzig Jahren reif für Meditation, genauso wie du einmal sexuell herangereift bist. Mit etwa zweiundvierzig Jahren verspürt man ein Bedürfnis, nach innen zu gehen. Mit etwa vierzehn Jahren beginnt man sich dem anderen zuzuwenden, geht man nach außen. Liebe bedeutet, sich nach außen zu wenden; Beziehung bedeutet, an den andern zu denken. Meditation heißt, sich nach innen zu wenden; Meditation heißt, an sich selbst zu denken, an das eigene Zentrum.

Zwischen vierzehn und zweiundvierzig also geschieht eine Veränderung im Menschen. Im Laufe der Zeit lebt man das Leben; man weiß, was Liebe ist, man kennt ihre Erfüllung und ihre Frustration, man kennt ihre Freude und ihre Enttäuschung, man kennt ihre schöne und ihre häßliche Seite. Man weiß, daß auf Augenblicke großer Ekstase Abgründe der Dunkelheit folgen. Und weil man nie wirklich ekstatisch sein kann, wenn man von andern abhängig ist, wendet man sich allmählich dem eigenen Selbst zu. Wenn deine Freude vom andern abhängt, kann sie niemals die Qualität von Freiheit aufweisen. Und eine Freude, die nicht die Qualität von Freiheit aufweist, ist keine rechte Freude. Die Abhängigkeit vom andern stellt eine Begrenzung dar. Die Freude, welche die Liebe dir gibt, ist bloß vorübergehend; du kannst dem andern nur für Augenblicke begegnen, dann seid ihr wieder getrennt und fallt auseinander. Mittendrin fallt ihr auseinander. Nur einen Augenblick lang seid ihr eins gewesen. Deshalb beginnt man sich zu fragen: »Gibt es einen Weg, um mit der Existenz eins zu werden und niemals mehr auseinanderzufallen?«

Genau das ist Meditation. Liebe heißt, durch einen anderen Menschen für kurze Zeit mit der Existenz eins zu werden. Meditation heißt, für immer mit der Existenz eins zu sein.

»Yoga« bedeutet »miteinander verbinden«. Das kann nur im tiefsten Innern geschehen. Dann entsteht Freude, dann entsteht Freiheit. Dann entsteht eine Seligkeit, auf die kein dunkler Abgrund folgt. Dann nimmt das Glück kein Ende, dann nimmt das Feiern kein Ende.

Meditation ist Sensibilität

Erst im Licht der Bewußtheit wird alles kostbar und außergewöhnlich. Dann sind Kleinigkeiten nicht mehr klein. Wenn jemand mit Wachheit, Sensibilität und Liebe einen gewöhnlichen Kieselstein am Strand anfaßt, wird der Kiesel zu einem Kohinoor. Wenn du dagegen in deinem unbewußten Zustand einen Kohinoor anfaßt, ist er nur ein gewöhnlicher Kiesel – und oft nicht einmal das. Dein Leben hat nur so viel Tiefe und soviel Sinn, wie du Bewußtsein hast.

Heute stellt man sich überall auf der Welt die Frage: »Was ist der Sinn des Lebens?« Natürlich ist der Sinn verlorengegangen, denn du weißt nicht mehr, auf welchem Weg man ihn findet. Bewußtheit ist der Weg.

Meditation ist Reifen

Alt werden ist nichts Wertvolles, das tut jedes Tier, dazu braucht man keine Intelligenz. Reif werden ist eine völlig andere Erfahrung. Alt werden ist horizontal; reif werden ist vertikal, es führt dich zu Höhen, es führt dich in Tiefen. Und seltsamerweise wirst du überrascht erkennen, daß die Zeit horizontal ist. Ein Augenblick vergeht, der nächste Augenblick kommt, der nächste, der nächste … in einer Reihe, in einer horizontalen Reihe. Die Zeit ist horizontal, und auch der Verstand ist horizontal. Auf einen Gedanken folgt der nächste, darauf der nächste und wieder der nächste, alle in einer Linie, in einer Reihe, in einer Prozession, genau wie im Stoßverkehr – alles horizontal.

Meditation ist vertikal, sie geht über das Denken und über die Zeit hinaus. Und womöglich erkennst du am Ende, daß Verstand und Zeit äquivalent sind, zwei Namen für dasselbe Phänomen – die horizontale Prozession von Gedanken, von Augenblicken. Meditation meint, die Zeit wie auch den Verstand anzuhalten, und plötzlich erhebst du dich in die Ewigkeit. Ewigkeit gehört nicht der Zeit an. Und Ewigkeit ist auch kein Gedanke, sie ist eine Erfahrung.

Meditation ist keine Flucht

Wer in der Zukunft lebt, lebt ein unechtes Leben. Er lebt nicht wirklich, er lebt nur scheinbar. Er hofft zu leben, er begehrt zu leben, aber er lebt nie. Das Morgen trifft nie ein, es ist immer heute. Was auch kommt, ist immer hier und jetzt, aber so einer weiß nicht, wie man hier und jetzt lebt; er weiß nur, wie man vor dem Hier und Jetzt wegläuft. Dieses Weglaufen wird »Wünschen« genannt, *Tanha* – Buddhas Wort für die Flucht aus der Gegenwart, vom Wirklichen ins Unwirkliche.

Wer begehrt, ist ein Eskapist.

Merkwürdig ist, daß ausgerechnet Meditierer als Eskapisten gelten. Das ist völlig unsinnig. Nur wer meditiert, flüchtet nicht aus der Wirklichkeit – alle anderen flüchten. Meditation bedeutet, aus dem Wünschen zu treten, aus den Gedanken zu treten, aus dem Verstand zu treten. Meditation heißt, sich im Augenblick, in der Gegenwart zu entspannen. Meditation ist das einzige auf der Welt, das nicht eskapistisch ist, obwohl man sie für die größte Realitätsflucht hält. Leute, die Meditation verurteilen, tun das jeweils mit dem Argument, sie sei eine Flucht, eine Flucht vor dem Leben. Sie reden Unsinn; sie haben nicht die geringste Ahnung, was sie da sagen. Meditation ist keine Flucht vor dem Leben, sondern eine Flucht ins Leben. Das Denken ist eine Flucht vor dem Leben, das Begehren ist eine Flucht vor dem Leben.

Meditation ist ein Kniff

Still zu sein ist das Allereinfachste, was es gibt. Es ist kein Tun, es ist Nichttun – wie kann es da schwierig sein?

Ich zeige dir, wie man durch Faulheit zur Erleuchtung gelangt. Du brauchst rein gar nichts zu tun, um sie zu erlangen, denn sie ist deine Natur. Du hast sie schon. Aber du bist so eifrig mit deinen äußeren Geschäften befaßt, daß du deine eigene Natur nicht sehen kannst.

Tief in deinem Innern findest du genau das gleiche wie draußen: Schönheit, Stille, Ekstase, Seligkeit. Sei doch bitte hin und wieder gut zu dir, setze dich hin und tue gar nichts, weder körperlich noch geistig. Entspanne dich, aber nicht auf amerikanisch ... es gibt ja jetzt so viele amerikanische Bücher mit dem Titel *Wie man sich entspannt*, und schon der Titel besagt, daß da einer rein gar nichts von Entspannung versteht. Es gibt kein »Wie«.

»Wie man ein Auto repariert« – das geht in Ordnung, da muß etwas getan werden. Aber was Entspannung angeht, da gibt es kein Tun. Tue einfach gar nichts. Ich weiß, am Anfang wird es dir schwerfallen – nicht weil Entspannung schwierig ist, sondern weil du süchtig danach bist, etwas zu tun. Diese Sucht braucht etwas Zeit, bis sie verschwunden ist.

Sei einfach und beobachte. Sein ist kein Tun, und auch Beobachten ist kein Tun. Du sitzt nur still da, tust nichts und beobachtest, was auch immer geschieht. Es werden dir Gedanken durch den Kopf gehen, und vielleicht ver-

Meditation ist ein Kniff

spürt dein Körper irgendwo eine Spannung, vielleicht hast du eine Migräne. Schaue einfach zu, identifiziere dich nicht damit. Beobachte. Sei der Beobachter oben auf dem Berg, der dem Geschehen unten im Tal zuschaut. Es ist ein Kniff, keine Kunst. Meditation ist keine Wissenschaft, sie ist keine Kunst, sondern ein Kniff – genau das! Alles, was du brauchst, ist eine wenig Geduld.

Die alten Gewohnheiten werden weitergehen, die Gedanken eilen weiter. In deinem Kopf ist immer Stoßverkehr, die Straßen sind immer verstopft. Dein Körper ist nicht daran gewöhnt, still zu sitzen – du wirst dich drehen und wenden. Kein Grund zur Besorgnis. Schau einfach zu, wie der Körper sich dreht und wendet, wie der Verstand herumwirbelt, voller Gedanken ist – zusammenhängende, unzusammenhängende, nutzlose –, voller Phantasien und Träume. Du bleibst im Zentrum und beobachtest einfach.

Alle Religionen der Welt haben die Menschen gelehrt, etwas zu tun. Halte den Gedankenprozeß an, zwinge den Körper zu einer unbeweglichen Haltung – genau das ist Yoga: ein langes Üben, den Körper zur Ruhe zu zwingen. Aber ein Körper, den man zwingt, ist nicht still. Und alle Gebete, Konzentrationsübungen und Kontemplationen sämtlicher Religionen tun genau das gleiche mit dem Verstand: Sie üben Zwang aus, sie erlauben den Gedanken nicht, sich zu bewegen. Dazu bist du zwar fähig, und

Meditation ist ein Kniff

wenn du hartnäckig bist, gelingt es dir vielleicht, den Gedankenprozeß anzuhalten. Aber das ist nicht das Wahre, das ist bloß Attrappe.

Wenn die Ruhe von selbst kommt, wenn sich die Stille auf dich herabsenkt, ohne dass du dich anstrengst, wenn du Gedanken beobachtest und der Moment kommt, wo die Gedanken langsam verschwinden und es still wird – das ist schön. Die Gedanken hören von selber auf, wenn du dich nicht identifizierst, wenn du ein Zeuge bleibst und nicht sagst: »Das ist mein Gedanke.«

Du sagst also nicht: »Das ist gut und das ist schlecht«, »So sollte es sein« und »So sollte es nicht sein«, sonst bist du kein Beobachter, sonst bist du voreingenommen, sonst hast du bestimmte Einstellungen. Ein Beobachter ist nicht voreingenommen, er hat kein vorgefaßtes Urteil. Er sieht einfach – genau wie ein Spiegel.

Wenn du etwas vor einen Spiegel stellst, dann reflektiert er, er spiegelt lediglich wider. Er beurteilt nicht ... »Dieser Mensch ist häßlich«, »Dieser Mensch ist schön«, »Oh, was für eine schöne Nase du hast.« Der Spiegel hat keine Meinung. Sein Wesen ist zu spiegeln; er spiegelt wider . Genau das nenne ich Meditation: Du spiegelst einfach alles wider, was innen und außen ist.

Und ich garantiere dir ... ich kann es dir garantieren, weil es mir und vielen meiner Leute so ergangen ist.

Meditation ist ein Kniff

Geduldig beobachten – vielleicht vergehen ein paar Tage, vielleicht ein paar Monate, vielleicht ein paar Jahre, das läßt sich nicht genau voraussagen, weil jeder von uns eine andere Kollektion zusammengetragen hat.

Du hast bestimmt schon Leute gesehen, die Antiquitäten sammeln oder Briefmarken. Jeder hat eine verschiedene Kollektion von unterschiedlichem Umfang, deshalb wird es verschieden lange dauern. Bleibe einfach so gut wie möglich ein Beobachter. Und für diese Meditation benötigst du keine bestimmte Zeit. Du kannst den Boden putzen und dir dabei still zuschauen, wie du den Boden putzt.

Ich kann meine Hand unbewußt bewegen, ohne zu beobachten; ich kann sie aber auch voller Bewußtheit bewegen. Das ist ein qualitativer Unterschied. Wenn du sie unbewußt bewegst, geschieht es mechanisch. Wenn du sie bewußt bewegst, geschieht es mit Anmut. Sogar in der Hand, die ja ein Teil deines Körpers ist, wirst du Stille und Kühle empfinden – ganz zu schweigen vom Verstand! Durch ständiges Beobachten läßt der Stoßverkehr der Gedanken allmählich nach. Augenblicke der Stille erscheinen. Ein Gedanke taucht auf, und dann ist es still, bis der nächste Gedanke erscheint. Diese Lücken werden dir den ersten Schimmer von Meditation vermitteln und die erste Freude, daß du nach Hause kommst.

Meditation ist Klarheit

Wenn du verstanden hast, was Meditation ist, wird alles sehr klar. Andernfalls kannst du nur weiter im dunkeln tappen. Meditation ist ein Zustand der Klarheit, kein Zustand des Denkens. Denken ist Verwirrung. Denken ist niemals klar, kann es gar nicht sein. Gedanken umhüllen dich wie Gewölk - sie sind subtile Wolken. In dem Dunst, den sie erzeugen, geht die Klarheit verloren. Wenn die Gedanken verschwinden, wenn du nicht mehr von Wolken umgeben bist, wenn du einfach nur da bist, dann herrscht Klarheit. Dann kannst du weit in die Ferne schauen, bis ans Ende der Existenz. Dann wird dein Blick durchdringend bis in den innersten Kern des Seins.

Meditation ist Klarheit, absolute Klarheit des Schauens. Du kannst darüber nicht nachdenken. Du mußt das Denken einstellen.

Meditation ist Leere

Seit Jahrhunderten hat man die Leere verurteilt. Leere ist etwas Schönes.

Aber die Dummköpfe haben dir eingeredet: »Ein leerer Kopf ist die Wirkstätte des Teufels.« Ein leerer Kopf ist die Wirkstätte Gottes! Die Wirkstätte des Teufels ist ein beschäftigter Kopf.

Nur mußt du auch wirklich leer sein. Bloß faul zu sein heißt noch nicht, daß du leer bist. Nichts zu tun heißt noch lange nicht, daß du leer bist. Tausende von Gedanken toben in deinem Innern. Äußerlich bist du vielleicht faul, doch in dir drin herrscht Hochbetrieb. Da werden Mauern errichtet und neue Gefängnisse vorbereitet, damit du ein neues beziehen kannst, wenn du das alte leid geworden bist. Alte Ketten können jederzeit brechen; deshalb fabrizierst du neue, für den Fall, daß die alten reißen. Sonst würdest du dich sehr leer fühlen.

Hin und wieder jedoch geschieht es auf ganz natürliche Weise – denn frei zu sein ist deine wahre Natur. Hin und wieder also, trotz deiner selbst ... du betrachtest einen Sonnenuntergang, und plötzlich sind alle Wünsche vergessen. Alles Verlangen, alle Sehnsucht nach Vergnügen ist vergessen. Der Sonnenuntergang ist so schön, so überwältigend, daß du die Vergangenheit und die Zukunft vergißt; nur die Gegenwart bleibt. Du bist ganz eins geworden mit diesem Augenblick; den Beobachter und das Beobachtete gibt es nicht mehr. Der Beobachter wird das Beobachtete. Du bist nicht mehr vom Sonnenuntergang getrennt.

Du bist verbunden. In diesem Zustand des Verbundenseins gelangst du ins Freie, und dieser freie Raum macht dich freudig. Doch schon steckst du wieder im schwarzen Loch - einfach deshalb, weil es Mut braucht, um draußen im Freien unter dem leeren Himmel zu bleiben.

Genau das nenne ich Sannyas. Diesen Mut nenne ich Sannyas - nicht zu flüchten, sondern ins Freie hinauszutreten, den Himmel ohne Wolken zu sehen, die Lieder der Vögel anzuhören, ohne irgend etwas zu verfälschen. Und allmählich wirst du immer mehr im Einklang mit der Leere sein und mit der Freude des Leerseins. Langsam merkst du, daß Leere nicht einfach nur Leere ist. Sie ist Fülle, eine Fülle jedoch, der du dir nie bewußt warst, eine Fülle, die du nie zuvor gekostet hast.

Am Anfang wirkt sie daher leer; am Ende ist sie voll, gänzlich voll, voll bis zum Überfließen. Sie ist voller Frieden, sie ist voller Stille, sie ist voller Licht.

Meditation ist Intelligenz

Schau dir ganz genau an, was in deinem Verstand vor sich geht, was seine Motive sind. Wenn du etwas tust, dann suche sogleich nach dem Motiv, denn wenn du es übersiehst, wird der Verstand dich zum Narren halten und dir ein anderes Motiv vortäuschen. Du kommst zum Beispiel wütend nach Hause und schlägst dein Kind. Der Verstand sagt: »Es ist nur zu seinem Guten. Es muß lernen, sich anständig zu benehmen.« Das ist eine Rationalisierung. Gehe ein wenig tiefer ... Du warst wütend, und du brauchtest jemanden, an dem du deine Wut auslassen konntest. Auf deinen Chef im Büro konntest du nicht wütend sein, dafür ist er zu mächtig. Das wäre riskant und in finanzieller Hinsicht gefährlich. Nein, du brauchtest jemand Hilflosen. Ein Kind ist völlig hilflos, es ist von dir abhängig; es kann sich nicht wehren, es kann nichts dagegen tun, es kann nicht mit gleicher Münze heimzahlen. Ein besseres Opfer kannst du gar nicht finden.

Schau ganz genau hin. Bist du wirklich wütend auf das Kind? Wenn ja, dann hält dich der Verstand zum Narren.

Der Verstand hält dich tagein, tagaus zum Narren, und du machst mit. Zum Schluß fühlst du dich elend, bist du in der Hölle gelandet. Achte jeden Augenblick auf dein wahres Motiv. Wenn du das wahre Motiv erkennst, wird es dem Verstand immer weniger möglich, dich zu täuschen. Und je weniger du Täuschungen unterliegst, desto mehr wirst du über den Verstand hinausgehen können, desto mehr wirst du ein Meister werden.

Eine kleine Geschichte:

Ein Wissenschaftler sagte zu seinem Freund: »Warum hast du eigentlich darauf bestanden, daß deine Frau einen Keuschheitsgürtel trägt, während wir auf der Tagung sind? Ganz unter uns gesagt: bei Emmas Gesicht und Figur, wer würde da schon ...?«

»Weiß ich, weiß ich«, winkte der andere ab. »Aber wenn ich nach Hause komme, kann ich sagen, ich hätte den Schlüssel verloren.«

Paß auf, achte auf die unbewußten Motive. Der Verstand schubst und kommandiert dich herum, weil du nicht in der Lage bist, seine wirklichen Motive wahrzunehmen. Sobald jemand fähig ist, die wahren Beweggründe seines Handelns zu erkennen, ist Meditation sehr nahe, denn dann hat der Verstand ihn nicht mehr in seiner Gewalt.

Der Verstand ist ein Mechanismus, er hat keine Intelligenz. Der Verstand ist ein Biocomputer – wie kann er da irgendwelche Intelligenz besitzen? Er verfügt über bestimmte Fertigkeiten, aber nicht über Intelligenz; er hat funktionalen Nutzen, aber keine Bewußtheit. Er ist ein Roboter, der gute Arbeit leistet. Höre jedoch nicht zu sehr auf ihn, weil du sonst deine innere Intelligenz verlierst. Das wäre so, als würdest du eine Maschine bitten,

Meditation ist Intelligenz

dich zu leiten, dir den Weg zu weisen – eine Maschine, die nichts Originales hat und auch gar nicht haben kann. Kein einziger deiner Gedanken ist jemals neu, es sind immer Wiederholungen. Achte darauf: Immer wenn der Kopf etwas sagt, leitet er dich wieder auf gewohnte Bahnen. Versuche etwas Neues zu machen, dann wird der Verstand dich weniger in seinem Griff haben.

Menschen, die auf irgendeine Weise kreativ sind, werden jeweils leicht zu Meditierern; Menschen jedoch, deren Leben unkreativ ist, fällt das sehr schwer. Falls du ein Leben lebst, in dem sich alles wiederholt, hat der Verstand zuviel Kontrolle über dich – du hast Angst, Abstand zu gewinnen. Mach jeden Tag etwas Neues. Halte dich nicht an das alte Einerlei. Wenn der Kopf etwas sagt, so antworte ihm: »So haben wir das doch schon immer gemacht. Jetzt laß uns mal was anderes ausprobieren!« Und selbst kleine Veränderungen – in der Art, wie du dich deiner Frau gegenüber verhältst, in der Art, wie du gehst, in der Art, wie du sprichst –, kleine Veränderungen, und du wirst feststellen, wie der Verstand an Macht verliert und du ein wenig freier wirst.

Meditation ist Erblühen

Denke daran, daß Meditation dir mehr und mehr Intelligenz bringen wird, unendlich viel Intelligenz, strahlende Intelligenz. Meditation wird dich lebendiger und sensibler machen; dein Leben wird reicher werden.

Sieh dir die Asketen an. Ihr Leben verdient diesen Namen kaum noch. Sie sind keine Meditierer, sondern eher Masochisten, die sich selbst quälen und dabei die Tortur genießen ...

Der Verstand ist sehr schlau; ständig produziert er etwas und rationalisiert es hinterher. Normalerweise bist du anderen gegenüber gewalttätig, aber der Verstand ist raffiniert und kann Gewaltlosigkeit erlernen, Gewaltlosigkeit predigen, und dann wird er gegen sich selbst gewalttätig. Gewalt, die du gegen dich selbst richtest, wird jedoch von den Menschen respektiert, denn sie gehen davon aus, daß ein Asket jemand Religiöses ist. Das ist schlichtweg Unsinn.

Gott ist kein Asket, sonst gäbe es weder Blumen auf der Welt noch grünende Bäume, sondern nur Wüsten. Gott ist kein Asket, sonst gäbe es keinen Gesang und keinen Tanz im Leben, sondern ringsherum nur Friedhöfe. Gott ist kein Asket, Gott freut sich des Lebens. Gott ist mehr Epikuräer, als du dir vorstellen kannst. Wenn du an Gott denkst, so denke an jemanden wie Epikur. Gott ist eine ständige Suche nach immer mehr Glück, Freude und Ekstase. Denke daran.

Meditation ist Erblühen

Aber der Verstand ist sehr schlau. Er kann Starrheit zu Meditation rationalisieren; er kann Stumpfsinnigkeit zu Transzendenz rationalisieren; er kann Abgestorbensein zu Entsagung rationalisieren. Nimm dich in acht! Denke immer daran: Wenn du auf dem richtigen Weg bist, wirst du mehr und mehr erblühen.

Meditation ist Bewußtheit

Und vergiß nicht: Jede Situation soll zu einer Gelegenheit für Meditation werden. Was ist Meditation? Dir bewußt werden, was du tust, dir bewußt werden, was mit dir geschieht.

Jemand beleidigt dich – werde bewußt! Was geschieht mit dir, wenn du dich beleidigt fühlst? Meditiere darüber, dann verändert sich die ganze Gestalt. Wenn dich jemand beleidigt, konzentrierst du dich in der Regel auf den andern statt auf dich selbst. »Warum beleidigt er mich? Was nimmt der sich heraus? Wie kann ich mich rächen?« Wenn er sehr viel Macht hat, dann fügst du dich, dann fängst du an mit dem Schwanz zu wedeln. Wenn er nicht sehr viel Macht hat und du siehst, daß er schwach ist, dann stürzt du dich auf ihn. Doch bei all dem vergißt du vollkommen dich selbst; der andere wird zum Mittelpunkt. Damit verpaßt du eine Gelegenheit zur Meditation. Wenn dich jemand beleidigt, dann meditiere.

Gurdjieff hat berichtet: »Als mein Vater starb, war ich erst neun Jahre alt. Er rief mich zu sich an sein Bett und flüsterte mir ins Ohr: ›Mein Sohn, an weltlichen Dingen hinterlasse ich dir nicht viel, aber eins muß ich dir anvertrauen, was auch mein Vater mir auf dem Sterbebett anvertraut hat. Es hat mir unsäglich viel geholfen, es ist zu einem Schatz für mich geworden. Du bist noch ein kleiner Junge und verstehst vielleicht nicht, was ich dir sage, aber bewahre es gut in dir auf, erinnere dich daran.

Meditation ist Bewußtheit

Eines Tages wirst du erwachsen sein, und dann verstehst du es vielleicht. Dies ist ein Schlüssel, der die Türen zu großen Schätzen öffnet.‹«

Natürlich konnte Gurdjieff es damals noch nicht richtig verstehen, doch es sollte sein ganzes Leben verändern. Was sein Vater ihm sagte, war sehr einfach: »Wenn dich jemand beleidigt, mein Sohn, so sage ihm, daß du vierundzwanzig Stunden darüber meditieren und danach zurückkehren und ihm antworten wirst.«

Gurdjieff konnte nicht glauben, daß dies ein so bedeutsamer Schlüssel sein sollte, etwas so Wertvolles, daß er es nicht vergessen durfte. Einem kleinen Jungen von neun Jahren können wir das verzeihen. Doch weil sein sterbender Vater es ihm anvertraut hatte, der ihn so sehr liebte, und weil es dessen letzte Worte waren, prägten sie sich ihm tief ein. Er konnte sie nicht mehr vergessen. Jedesmal, wenn er an seinen Vater dachte, erinnerte er sich an diese Worte.

Ohne sie recht zu verstehen, begann er sie zu praktizieren. Wenn jemand ihn beleidigte, sagte er: »Mein Herr, darüber muß ich vierundzwanzig Stunden meditieren, so hat es mein sterbender Vater mir aufgetragen. Er lebt nicht mehr, und einem toten alten Mann kann ich nicht ungehorsam sein. Er hat mich so sehr geliebt, und ich habe ihn auch so sehr geliebt, ich kann ihm einfach nicht ungehorsam sein. Solange der Vater noch lebt, ist das

etwas anderes; aber wenn er tot ist, wie kann man da ungehorsam sein? Bitte verzeihen Sie mir also. Ich werde
in vierundzwanzig Stunden zurückkehren und Ihnen eine
Antwort geben.« Und Gurdjieff sagt weiter: »Vierundzwanzig Stunden lang darüber zu meditieren hat mir die
tiefsten Einblicke in mein Sein vermittelt. Manchmal
merkte ich, daß die Beleidigung zutraf, daß es tatsächlich so stand mit mir; dann ging ich hin und sagte:
›Danke schön, Sie hatten recht. Sie haben mich nicht beleidigt, sondern bloß eine Tatsache festgestellt. Sie
nannten mich dumm; ich bin es wirklich.‹

Zuweilen merkte ich nach vierundzwanzigstündigem
Meditieren, daß es die reinste Lüge gewesen war. Aber
weshalb sollte man wegen einer Lüge verletzt sein? Dann
ging ich nicht einmal hin, um ihm zu sagen, daß es gelo-
gen war. Eine Lüge ist eine Lüge – warum sich damit ab-
geben?«

Durch Beobachten und Meditieren wurde er sich mehr
und mehr seiner eigenen Reaktionen anstatt der Aktio-
nen anderer Leute bewußt.

Meditation ist Spass

Millionen von Menschen lassen sich Meditation entgehen, weil Meditation einen falschen Beigeschmack bekommen hat. Sie sieht sehr ernst aus, sie wirkt düster, sie riecht nach Kirche; sie macht den Anschein, als wäre sie nur etwas für Leute, die tot oder am Sterben sind, die finster und ernsthaft sind und eine saure Miene ziehen, für Menschen, die alle Festlichkeit, allen Spaß, alles Spielerische und Freudige verloren haben.

Genau das jedoch sind die Wesenszüge von Meditation. Ein wirklich meditativer Mensch ist spielerisch: Das Leben ist ihm eine Lust, das Leben ist ihm ein *Leela*, ein Spiel. Er genießt es unsäglich. Er ist nicht ernst, er ist entspannt.

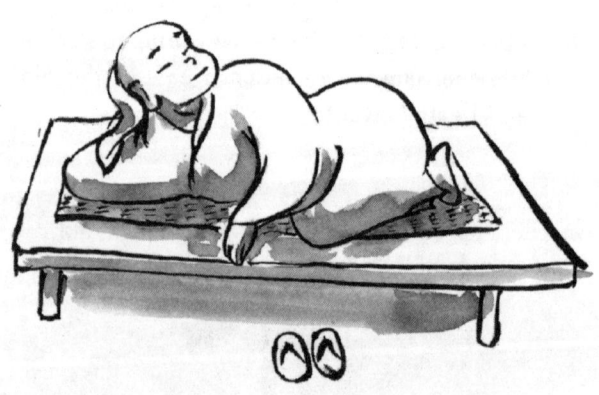

Meditation ist Verstehen

Etwas vom Grundlegendsten, was es bei Meditation zu verstehen gilt: Zu Meditation führt keine Technik.

Die alten sogenannten Meditationstechniken wie auch die neuen wissenschaftlichen Biofeedback-Techniken sind sich gleich, was Meditation angeht. Meditation ist nicht das Ergebnis irgendeiner Technik. Meditation geschieht jenseits vom Verstand, und keine Technik kann über den Verstand hinausgehen. In wissenschaftlichen Kreisen herrscht jedoch in Bezug auf Meditation ein großes Mißverständnis, und das hat seine Gründe. Dieses Mißverständnis beruht im wesentlichen darauf, daß bestimmte Schwingungen im Kopf erzeugt werden, wenn das Sein eines Menschen sich in einem meditativen Zustand befindet. Diese Schwingungen lassen sich auch von außen, mit technischen Mitteln, erzeugen. Solche Schwingungen können jedoch ihrerseits keine Meditation erzeugen – genau da liegt das Mißverständnis.

Meditation erzeugt diese Schwingungen. Der Verstand reflektiert die innere Welt.

Du kannst nicht sehen, was in dir drin geschieht. Aber du kannst sehen, was im Kopf vor sich geht. Heute gibt es hochempfindliche Meßgeräte, mit deren Hilfe man beurteilen kann, welche Art Schwingungen auftreten, wenn jemand schläft, welche Art Schwingungen auftreten, wenn jemand wach ist, welche Art Schwingungen auftreten, wenn jemand meditiert.

Meditation ist Verstehen

Doch man kann diese Situationen nicht herstellen, indem man einfach die jeweilige Schwingung erzeugt, denn diese Schwingungen sind lediglich Symptome, äußere Anzeichen. Es ist völlig in Ordnung, sie zu untersuchen, aber man darf dabei nicht vergessen, daß es keine Abkürzung zur Meditation gibt und kein mechanisches Hilfsmittel dabei helfen kann. Meditation bedarf keiner Technik, weder einer wissenschaftlichen noch sonst irgendeiner. Meditation ist ganz einfach ein Verstehen.

Es geht nicht darum, still dazusitzen, es geht nicht darum, ein Mantra zu murmeln. Es geht darum, die subtilen Vorgänge des Denkens zu verstehen. Sobald du begreifst, wie der Verstand funktioniert, entsteht eine große Bewußtheit in dir, die nicht aus dem Verstand kommt. Diese Bewußtheit entsteht in deinem Sein, in deiner Seele, in deinem Bewußtsein.

Der Verstand ist nur ein Mechanismus. Sobald jedoch diese Bewußtheit entsteht, wird sie unweigerlich ein gewisses Energiemuster um sich erzeugen. Dieses Energiemuster wird vom Verstand wahrgenommen, denn der Verstand ist ein sehr subtiler Mechanismus.

Ihr untersucht die Dinge von außen, deshalb könnt ihr bestenfalls den Verstand untersuchen. Das wissenschaftliche Denken hat erkannt, daß jedesmal, wenn ein Mensch still, heiter und friedlich ist, ein gewisses

Meditation ist Verstehen

Schwingungsmuster im Kopf entsteht, und so sagt man sich: Wenn wir dieses Schwingungsmuster im Kopf mit Hilfe von Biofeedbacktechniken erzeugen können, wird das innere Sein höchste Bewußtheit erreichen.

Das wird nicht eintreten. Es ist keine Frage von Ursache und Wirkung.

Diese Wellen im Verstand sind nicht die Ursache, sondern im Gegenteil die Wirkung von Meditation. Von der Wirkung kann man jedoch nicht zur Ursache gelangen. Es ist zwar möglich, mit Hilfe von Biofeedback gewisse Muster im Verstand zu erzeugen, die ein Gefühl von Frieden, Stille und Heiterkeit vermitteln. Wenn jemand nun keine Ahnung von Meditation und keine Vergleichsmöglichkeit hat, kann er leicht dem Irrtum verfallen, daß dies Meditation sei. Doch das ist es nicht, denn in dem Moment, wo der Biofeedback-Mechanismus aufhört, verschwinden die Schwingungen, und mit ihnen verschwindet auch die Stille und der Frieden und die Heiterkeit.

Mit diesen wissenschaftlichen Instrumenten kannst du jahrelang arbeiten, doch deinen Charakter werden sie nicht verändern, deine Moral und deine Individualität werden sie nicht verändern. Du wirst derselbe bleiben.

Meditation dagegen transformiert. Sie führt dich zu höheren Bewußtseinsebenen und verändert deine ganze Lebensweise. Sie verwandelt deine Reaktionen in authentisches Handeln, und zwar derart radikal, daß es kaum

Meditation ist Verstehen

zu fassen ist, wie jemand, der in einer bestimmten Situation normalerweise mit Wut reagieren würde, jetzt aus tiefem Mitgefühl und Liebe heraus handelt.

Meditation ist ein Seinszustand, zu dem man durch Verstehen gelangt. Dazu braucht es keine Techniken, dazu braucht es Intelligenz.

Meditation ist Entzücken

Meditation ist Freude an deiner eigenen Gegenwart; Meditation ist Entzücken am eigenen Sein. Es ist ganz einfach – ein völlig entspannter Bewußtseinszustand, in welchem du gar nichts tust. Sobald Tun hinzukommt, entsteht Spannung in dir, und sogleich ist Besorgnis da. Wie stelle ich es an? Was soll ich tun? Wie komme ich zum Erfolg? Wie vermeide ich Mißerfolg? Und schon hast du dich in die Zukunft bewegt. Meditation heißt einfach nur zu sein, ohne irgend etwas zu tun – keine Handlung, kein Gedanke, kein Gefühl. Du bist, du bist einfach, und das ist pures Entzücken.

Woher kommt dieses Entzücken, wenn du doch gar nichts tust? Es kommt von nirgendwoher. Oder es kommt von überallher. Es hat keine Ursache, denn die ganze Existenz ist aus dem Stoff gemacht, den man Freude nennt. Es benötigt keinen Grund, keine Ursache. Wenn du unglücklich bist, hast du einen Grund, warum du unglücklich bist; wenn du glücklich bist, dann bist du einfach glücklich – es gibt keinen Grund dafür. Dein Verstand versucht zwar, einen Grund zu finden, denn er kann nicht an das Unverursachte glauben, weil er keine Kontrolle darüber hat. Beim Unverursachten wird der Verstand impotent, deshalb sucht er sich ständig den einen oder anderen Grund. Ich möchte dir jedoch zeigen, daß du jeweils ohne jeden Grund glücklich bist. Nur wenn du unglücklich bist, hast du einen Grund dazu. Denn Glück

Meditation ist Entzücken

ist jener Stoff, aus dem du gemacht bist. Es ist dein wahres Sein, es ist dein innerster Kern. Freude ist dein innerster Kern.

Schau die Bäume an, schau die Vögel an, schau die Wolken an, schau die Sterne an ... und wenn du Augen hast, wirst du sehen können, wie freudig die ganze Existenz ist. Alles ist glücklich. Die Bäume sind glücklich ohne jeden Grund; sie werden nicht Premierminister oder Präsidenten, sie werden nicht reich, sie werden auch nie ein Bankkonto haben. Schau die Blumen an ... ohne jeden Grund. Es ist unglaublich, wie glücklich Blumen sind.

Die ganze Existenz ist aus dem Stoff gemacht, den man Freude nennt.

Meditation ist Entspannung

Meditation ist Ruhen, absolutes Ruhen, ein Stillstand aller Aktivität - der körperlichen, der geistigen und der emotionalen. Wenn du dich in einem so tiefen Ruhezustand befindest, daß sich nichts in dir regt, wenn jede Tätigkeit als solche aufhört - so, als würdest du tief schlafen und trotzdem wach sein -, dann erkennst du, wer du bist. Plötzlich öffnet sich ein Fenster. Man kann es nicht mit Anstrengung öffnen, weil jede Anstrengung Spannung erzeugt und Spannung die eigentliche Ursache all unseres Leidens ist. Deshalb gilt es ganz grundlegend zu verstehen, daß Meditation keine Anstrengung bedeutet. Mit Meditation muß man sehr spielerisch umgehen, man muß lernen, Spaß daran zu haben. Man darf keine ernste Angelegenheit daraus machen - sobald du ernst bist, hast du sie schon verpaßt. Man muß sich sehr spielerisch darauf einlassen. Und man muß sich bewußt sein, daß man immer tiefer zur Ruhe kommt.

Meditation ist nicht Konzentration, im Gegenteil, sie ist Entspannung. Wenn du völlig entspannt bist, beginnst du zum ersten Mal deine Realität zu fühlen und kommst in unmittelbaren Kontakt mit deinem Sein. Wenn du einer Tätigkeit nachgehst, bist du davon so sehr eingenommen, daß du dich selbst nicht sehen kannst. Aktivität erzeugt viel Rauch um dich herum, sie hüllt dich in Staub; deshalb ist es notwendig, zumindest für ein paar Stunden am Tag alles Tun einzustellen.

Meditation ist Entspannung

Das gilt jedoch nur für den Anfang. Später, wenn du die Kunst gelernt hast, ruhig und gelassen zu sein, kannst du beides zugleich sein - aktiv und ruhig. Du weißt jetzt, daß Ruhe etwas so Inwendiges ist, daß sie durch nichts Äußeres gestört werden kann. An der Peripherie geht die Aktivität weiter, und im Zentrum bleibst du ruhig. Es ist also nur am Anfang nötig, täglich einige Stunden alles Tun einzustellen. Sobald man die Kunst erlernt hat, stellt sich das Problem nicht mehr. Dann kann man vierundzwanzig Stunden am Tag meditativ sein und gleichzeitig mit allen Tätigkeiten des normalen Leben fortfahren.

Denke daran: Das Paßwort ist Ruhe, Entspannung. Tue nichts, was der inneren Ruhe und Entspannung zuwiderläuft. Richte dein Leben entsprechend ein, gib alle sinnlosen Aktivitäten auf, denn neunzig Prozent davon sind sinnlos; sie dienen nur dazu, die Zeit totzuschlagen und sich beschäftigt zu halten. Tue nur das Wesentliche, und widme deine Energie immer mehr der inneren Reise. Dann geschieht jenes Wunder, daß du gleichzeitig ruhig und tätig bleiben kannst. Das ist die Begegnung des Heiligen mit dem Weltlichen, die Begegnung von Diesseits und Jenseits, die Begegnung von Materialismus und Spiritualität.

Meditation ist kühl

Wenn du katholische, buddhistische oder Jaina-Mönche antriffst, wird dir auffallen, daß sie sehr nervös sind. In ihren Klöstern sind sie vielleicht nicht so nervös, aber wenn du sie draußen in die Welt setzt, wirken sie außerordentlich nervös, denn auf Schritt und Tritt lauert die Versuchung. Ein meditativer Mensch dagegen gelangt an einen Punkt, wo es keine Versuchung mehr gibt. Versuche das zu verstehen.

Versuchung kommt niemals von außen. Es sind unterdrücktes Verlangen, unterdrückte Energie, unterdrückte Wut, unterdrückter Sex, unterdrückte Habgier, welche dich in Versuchung bringen. Versuchung kommt aus deinem Innern, sie hat nichts mit dem Äußeren zu tun. Kein Teufel kommt, um dich zu versuchen; sondern dein eigener unterdrückter Verstand wird teuflisch und will sich rächen. Um diesen Verstand unter Kontrolle zu halten, mußt du kalt und gefroren bleiben, damit ja keine Lebensenergie in deine Glieder, in deinen Körper fließen kann. Wenn die Energie fließen könnte, käme alles Unterdrückte an die Oberfläche. Genau deshalb haben die Menschen gelernt, wie man kalt bleibt, wie man andere Menschen berührt, ohne sie wirklich zu berühren, wie man Menschen anschaut, ohne sie wirklich zu sehen. Die Menschen leben in Klischees: »Guten Tag, wie geht es Ihnen?« Niemand meint es wirklich so. Diese Floskeln sind nur dazu da, um eine wirkliche Begegnung zweier

Meditation ist kühl

Menschen zu verhindern. Die Menschen schauen einander nicht in die Augen, sie halten sich nicht an den Händen, sie versuchen nicht, die Energie des andern zu spüren und erlauben einander nicht, ihre Energien fließen zu lassen. Voller Angst mogelt man sich irgendwie durch – kalt und tot, in einer Zwangsjacke.

Ein meditativer Mensch hat gelernt, voller Energie zu sein, auf dem Maximum, auf dem Optimum, auf dem Gipfel zu leben. Auf dem Gipfel ist er zu Hause. Gewiß strahlt er Wärme aus, aber sie ist nicht fiebrig, sie zeugt nur von Lebendigkeit. Er ist nicht heiß, er ist kühl, denn er wird nicht von Begierden getrieben. Er ist so glücklich, daß er nicht mehr nach Glück strebt. Er fühlt sich wohl, er ist ganz daheim, er geht nirgendwohin, er rennt und jagt nichts nach ... er ist sehr kühl.

Meditation ist Einssein

Sex hat soviel Anziehungskraft, weil du im Sex für einen Augenblick eins wirst. Aber in diesem Moment bist du unbewußt. Du suchst dir Unbewußtheit, weil du Einheit suchst. Je mehr du jedoch danach suchst, desto bewußter wirst du. Dann wirst du die Seligkeit des Sex nicht mehr empfinden, weil sie aus Unbewußtheit herrührt.

In einem Moment der Leidenschaft konntest du unbewußt werden. Dein Bewußtsein verschwand. Einen Augenblick lang warst du im Abgrund – aber unbewußt. Doch je mehr du danach trachtest, desto mehr verlierst du die Unbewußtheit. Schließlich kommt der Moment, wo du im Sex nicht mehr unbewußt wirst. Der Abgrund ist weg, die Seligkeit ist verloren. Dann wird der Akt sinnlos. Er ist bloß eine mechanische Entladung, es gibt nichts Spirituelles dabei.

Wir haben bisher nur die unbewußte Einswerdung erfahren; wir haben Einswerdung nie bewußt erlebt.

Meditation ist bewußtes Einssein. Sie ist der Gegenpol zur Sexualität. Sex ist der eine Pol, unbewußtes Einssein; Meditation ist der andere Pol, bewußtes Einssein. Sex ist der tiefste Punkt des Einsseins, Meditation ist der Gipfelpunkt, der höchste Gipfel des Einsseins. Der Unterschied liegt im Grad an Bewußtsein.

Das westliche Denken fühlt sich zur Zeit zu Meditation hingezogen, weil Sex immer mehr an Anziehungskraft

Meditation ist Einssein

verliert. Sobald eine Gesellschaft den Sex nicht mehr unterdrückt, folgt Meditation, weil Sex seinen Charme und seine Romantik verliert, sobald er ungehindert ausgelebt wird – der spirituelle Aspekt geht verloren. Dann gibt es zwar viel Sex, aber man kann dabei nicht länger unbewußt bleiben.

Eine sexuell unterdrückte Gesellschaft bleibt sexuell; doch eine Gesellschaft, welche die Sexualität nicht unterdrückt und hemmt, kann nicht dabei stehenbleiben. Sex muß transzendiert werden. Wenn eine Gesellschaft also den Sex auslebt, ist der nächste Schritt Meditation. Für mich ist sexuelle Freizügigkeit in einer Gesellschaft der erste Schritt zur wirklichen Suche.

Meditation ist Regeneration

Ich bin nicht gegen Sex, und ich sage nicht, daß du Sex aufgeben sollst. Aber versuche ihn zu verstehen, meditiere darüber. Mache nicht mehr weiterhin unbewußt Liebe, dann wird das deine größte Meditation werden. Sei bewußter, aufmerksamer und wacher und schau dir an, was eigentlich dabei geschieht. Kommt dieser Augenblick der Seligkeit vom Sex? Oder rührt er daher, daß es für kurze Zeit keinen Sex mehr gibt und das Verlangen verschwunden ist? Nach dem Sex hast du ein paar Stunden lang kein Bedürfnis mehr danach, deshalb ist alles so friedlich, so ruhig und still in dir. Aber das Verlangen wird wiederkommen und dich aufs neue durcheinanderbringen; wieder wird der See aufgepeitscht werden, sich kräuseln und Wellen schlagen.

Wenn man über seine Sexualität meditiert, beginnt man tiefste Geheimnisse des Lebens zu verstehen, die dort verborgen sind. Sex ist der Schlüssel dazu. Sex ist nicht nur der Schlüssel, um Kinder zu produzieren, sondern auch der Schlüssel, um sich selbst zu regenerieren. Er dient nicht allein der Reproduktion, sondern vielmehr der Regeneration.

Das englische Wort »recreation« hat seine ursprüngliche Bedeutung verloren. Heutzutage bedeutet »recreation«: einen schönen Tag genießen, Spaß haben, herumspielen. Aber eigentlich wird immer, wenn du spielst und dir einen schönen Tag machst, etwas in dir erschaffen –

Meditation ist Regeneration

im Grunde ist es ein Wiedererschaffen, es ist nicht nur
Spaß. Etwas, das während der Arbeit und im täglichen
Einerlei abstirbt, wird wiedergeboren, wird regeneriert.
Und Sex ist der erholsamste Akt im Leben der Menschen
geworden, ihre eigentliche Erholung. Doch auf einer
höheren Ebene ist Sex wirklich Regeneration, nicht bloß
Spaß. Er birgt große Geheimnisse in sich. Und das erste
Geheimnis – du wirst es merken, wenn du meditierst:
Freude kommt, weil der Sex verschwindet. Und immer,
wenn dieser Augenblick der Freude kommt, verschwindet
auch die Zeit, verschwindet auch der Verstand. Genau
das sind die Qualitäten von Meditation.

Meiner Ansicht nach hat die Welt den ersten Schimmer von Meditation durch Sex erfahren, anders ist es gar
nicht möglich. Meditation muß durch den Sex Eingang
ins Leben der Menschen gefunden haben, weil Sex das
meditativste Phänomen ist, vorausgesetzt, du verstehst
ihn, gehst in die Tiefe und gebrauchst ihn nicht nur als
Droge. Und je mehr dein Verständnis wächst, desto mehr
wird dein Verlangen allmählich verschwinden, und ein Tag
großer Freiheit wird kommen, wenn Sex dich nicht mehr
verfolgt. Dann ist man ruhig, still und vollkommen sich
selbst. Das Bedürfnis nach dem andern ist verschwunden. Man kann noch immer Sex haben, wenn man dies
möchte, aber es ist nicht mehr notwendig.

Dann ist es mehr wie ein Teilen.

Meditation ist Ruhen

Wenn ich sage: »Laß das Ego los, laß den Verstand los«, dann meine ich damit nicht, daß du den Verstand nicht mehr gebrauchen sollst. Tatsächlich kannst du den Verstand viel besser und viel wirksamer gebrauchen, wenn du nicht daran klammerst, denn die Energie, die nötig war, um sich daran festzuhalten, ist jetzt frei verfügbar. Und wenn du nicht ständig im Kopf bist, vierundzwanzig Stunden am Tag im Kopf bist, dann erhält auch der Verstand eine kleine Ruhepause.

Weißt du eigentlich, daß sogar Metall Ruhe braucht, daß sogar Metall müde wird? Um wieviel mehr erst dieser subtile Verstandesmechanismus? Er ist der subtilste Mechanismus der Welt. In diesem kleinen Schädel trägst du einen so komplizierten Biocomputer herum, daß bis jetzt noch kein von Menschenhand verfertigter Computer damit konkurrieren kann. Die Wissenschaftler sagen, daß ein menschliches Gehirn alle Bibliotheken der Welt in sich enthalten kann und trotzdem noch Platz hat für mehr Information.

Und du arbeitest ununterbrochen damit - wie sinnlos, wie unnötig! Du hast vergessen, wie man den Kopf abschaltet. Siebzig, achtzig Jahre lang bleibt er in Betrieb und arbeitet und arbeitet und ermüdet. Deshalb verlieren die Leute ihre Intelligenz - einfach weil sie so müde sind. Wenn du dem Verstand ein wenig Ruhe gönnst und ihn jeden Tag einige Stunden alleine läßt, wenn du ihm ab

Meditation ist Ruhen

und zu Urlaub gibst, wird er sich verjüngen; er wird intelligenter, leistungsfähiger und geschickter daraus hervorgehen.

Ich sage also nicht, du sollst deinen Verstand nicht gebrauchen, sondern du sollst dich nicht vom Verstand gebrauchen lassen. So wie es jetzt ist, ist der Verstand der Meister, und du bist nur ein Diener.

Meditation macht dich zum Meister, und der Verstand wird zum Diener. Und denke daran: Als Meister ist der Verstand gefährlich, denn er ist letztlich nur eine Maschine; als Diener jedoch ist der Verstand außerordentlich bedeutsam und nützlich. Eine Maschine sollte als Maschine arbeiten und nicht als Meister. Unsere Prioritäten sind ganz durcheinander geraten – dein Bewußtsein sollte der Meister sein!

Wann immer du also den Verstand gebrauchen willst, bediene dich seiner. Und auf dem Marktplatz benötigst du ihn wirklich. Aber wenn du ihn nicht benötigst – wenn du dich zu Hause am Schwimmbad oder im Garten ausruhst, dann ist er nicht nötig. Lege ihn beiseite. Vergiß ihn. Und *sei* einfach.

Meditation ist Meisterschaft

Die Gesellschaft kann nicht ohne Sprache bestehen; sie braucht Sprache. Die Existenz jedoch braucht keine. Ich sage nicht, du sollst ohne Sprache leben; du kannst nicht ohne sie auskommen. Aber du mußt fähig sein, den Mechanismus des Verbalisierens ein- und auszuschalten. Im sozialen Rahmen brauchst du den Mechanismus der Sprache, doch wenn du mit der Existenz allein bist, mußt du ihn abstellen können. Wenn du ihn nicht abstellen kannst, wenn er immer weiterläuft und du ihn nicht anhalten kannst, dann bist du sein Sklave geworden. Der Verstand muß ein Instrument bleiben und darf nicht zum Meister werden.

Wenn der Verstand Meister ist, bist du in einem nicht-meditativen Zustand. Wenn du selbst der Meister bist, wenn dein Bewußtsein der Meister ist, bist du in einem meditativen Zustand. Meditation bedeutet also, zum Meister seines Verstandesmechanismus zu werden.

Meditation ist im Zwischenraum

Sei dir deiner Denkvorgänge, sei dir der Arbeitsweise deines Verstandes bewußt. In dem Moment, da dir bewußt wird, wie dein Verstand funktioniert, bist du nicht mehr der Verstand. Diese Bewußtheit bedeutet, daß du jenseits vom Verstand bist: Zeuge von einer höheren Warte aus. Und je bewußter du wirst, desto mehr wirst du die Zwischenräume zwischen den Erfahrungen und ihrer Verbalisierung wahrnehmen. Es gibt diese Abstände; du nimmst sie allerdings nie wahr, weil du so unbewußt bist. Zwischen zwei Wörtern ist immer ein Zwischenraum, wie unmerklich klein er auch sein mag. Sonst können die zwei Wörter nicht getrennt bleiben, sie werden zu einem. Zwischen zwei Musiknoten gibt es immer eine Lücke, eine Stille. Zwei Wörter oder zwei Noten können nicht zwei sein, wenn sie nicht durch ein Intervall getrennt sind. Immer ist Stille da, doch man muß wirklich bewußt, wirklich aufmerksam sein, um sie zu fühlen. Je bewußter du wirst, desto langsamer wird der Verstand. Es ist immer relativ: Je weniger aufmerksam du bist, desto schneller ist der Verstand; je bewußter du bist, desto langsamer ist der Gedankenprozeß. Wenn du die Gedanken bewußter wahrnimmst, werden sie langsamer, und die Lücken zwischen den Gedanken weiten sich. Dann kannst du sie sehen.

Es ist genau wie im Film. Wenn ein Filmprojektor in Zeitlupe läuft, siehst du die Zwischenräume. Wenn ich

Meditation ist im Zwischenraum

meine Hand hebe, mußt du dafür tausend Bilder schießen. Jedes Bild ist eine einzelne Fotografie. Wenn diese tausend Bilder so schnell vor deinen Augen vorbeihuschen, daß du die Zwischenräume nicht sehen kannst, dann nimmst du das Anheben der Hand als Prozeß wahr. In Zeitlupe jedoch kann man die Zwischenräume sehen.

Der Verstand läuft genauso ab wie ein Film. Es gibt Zwischenräume. Je aufmerksamer du auf dein Denken achtest, desto besser wirst du sie sehen können. Es ist genau wie ein Vexierbild – ein Bild, das zwei verschiedene Bilder enthält. Du kannst das eine oder das andere Bild sehen, aber nicht beide gleichzeitig. Es mag das Bild einer alten Frau und zugleich das Bild einer jungen Frau zeigen; doch wenn du dich auf das eine konzentrierst, kannst du das andere nicht sehen, und wenn du auf das andere schaust, geht das erste verloren. Selbst wenn du genau weißt, daß du beide Bilder wahrgenommen hast, kannst du sie nicht gleichzeitig sehen.

Mit dem Verstand ist es dasselbe. Wenn du die Wörter siehst, kannst du die Zwischenräume nicht sehen, und wenn du die Zwischenräume siehst, kannst du die Wörter nicht sehen. Auf jedes Wort folgt ein Zwischenraum, und auf jeden Zwischenraum ein Wort, doch du kannst sie nicht beide gleichzeitig sehen. Wenn du dich auf die Zwischenräume konzentrierst, gehen die Wörter verloren, und du fällst in Meditation.

Meditation ist im Zwischenraum

Ein Bewußtsein, das sich nur auf Wörter richtet, ist nicht-meditativ. Ein Bewußtsein, das sich nur auf Zwischenräume richtet, ist meditativ. Immer wenn du dir der Zwischenräume bewußt wirst, gehen die Wörter verloren. Wenn du aufmerksam beobachtest, findest du keine Wörter; du findest nur einen Zwischenraum.

Du kannst den Unterschied zwischen zwei Wörtern fühlen, aber nicht den Unterschied zwischen zwei Zwischenräumen. Wörter sind immer in der Vielzahl, der Zwischenraum ist stets in der Einzahl: »der« Zwischenraum. Zwischenräume verschmelzen und werden eins. Meditation bedeutet, sich auf den Zwischenraum zu konzentrieren.

Meditation ist in der Gegenwart

Der Verstand konzentriert sich: Er handelt aus der Vergangenheit heraus.

Meditation handelt in der Gegenwart, aus der Gegenwart heraus; sie ist ein reines Eingehen auf die Gegenwart, sie ist kein Reagieren. Sie handelt nicht auf Grund von Schlußfolgerungen, sie handelt aus der Sicht des Existentiellen.

Schaue selbst: Es macht einen großen Unterschied, wenn du anhand vorgefertigter Schlüsse handelst.

Du siehst einen Mann, du fühlst dich angezogen – ein schöner Mann, sieht sehr gut aus, sieht unschuldig aus; seine Augen sind schön, seine Ausstrahlung ist schön. Doch dann stellt sich der Mann vor und sagt: »Ich bin Jude.« Und du bist Christin. Sofort klickt etwas. Eine Distanz ist da. Jetzt ist der Mann nicht mehr unschuldig, ist er nicht mehr schön. Du hast bestimmte Vorstellungen über Juden. Oder er ist ein Christ, und du bist Jüdin und hast bestimmte Vorstellungen über die Christen – was das Christentum den Juden in der Vergangenheit alles angetan hat, was andere Christen den Juden angetan haben, wie sie seit Jahrhunderten Juden gequält haben ... Plötzlich ist er Christ, und sofort ändert sich etwas. Genau das heißt es, aus vorgefertigten Schlüssen, aus Vorurteilen heraus zu handeln, statt diesen Mann anzuschauen – denn dieser Mann ist vielleicht nicht der Mann, der deinem Bild vom Juden entspricht. Jeder Jude

Meditation ist in der Gegenwart

ist wieder anders, jeder Hindu ist anders, genauso jeder Mohammedaner. Du kannst nicht aus Vorurteilen heraus handeln. Du kannst die Menschen nicht in Kategorien einteilen, du kannst sie nicht einfach in Schubladen stecken. Niemand darf in eine Schublade gesteckt werden. Du magst von hundert Kommunisten betrogen worden sein, doch wenn du dem hundertundersten Kommunisten begegnest, dann gib nichts auf die Kategorie, die du in deinem Kopf bereit hältst – daß Kommunisten betrügen oder was auch immer. Dieser Mann mag ein anderer Typ Mensch sein, denn keine zwei Personen sind sich je gleich. Wenn du aus vorgefertigten Schlüssen heraus handelst, handelt der Verstand. Wenn du in die Gegenwart hineinschaust und keiner Vorstellung erlaubst, dir die Realität zu verstellen, die Tatsachen zu verstellen, wenn du einfach nur das Faktische anschaust und aus diesem Hinschauen handelst – das ist Meditation.

Meditation ist ein Ereignis

Wenn ich sage: »Du sollst das Denken aufgeben«, dann ziehe daraus keinen voreiligen Schluß. Ich muß nun einmal Wörter gebrauchen. Ich sage also: »Gib das Denken auf«, aber wenn du jetzt damit beginnst, es aufgeben zu wollen, würde das zu nichts führen, weil du es dann wieder auf ein Tun reduzierst. »Gib das Denken auf« heißt einfach: Tue gar nichts. Setze dich hin. Laß die Gedanken von selbst zur Ruhe kommen. Laß den Verstand von selbst abschalten. Du sitzt einfach nur in einer stillen Ecke, schaust die Wand an und tust gar nichts. Entspannt. Locker. Mühelos. Ohne irgendein Ziel. So wie wenn du im Wachzustand einschlafen würdest – du bist wach und entspannst dich, aber der ganze Körper fällt in Schlaf. Du bleibst innerlich aufmerksam, aber der ganze Körper fällt in tiefe Entspannung.

Die Gedanken legen sich von selbst, du brauchst nicht zwischen ihnen herumzurennen, du brauchst sie nicht zurechtzuweisen. Es ist genauso wie ein Bach, der aufgewühlt geworden ist ... Was tust du in so einem Fall? Springst du hinein und hilfst dem Bach, wieder klar zu werden? So wirst du ihn nur noch trüber machen. Setze dich einfach ans Ufer und warte. Es gibt nichts zu tun, denn alles, was du tust, würde den Bach nur noch trüber machen. Wenn jemand durch den Bach gewatet ist, wenn die toten Blätter an der Oberfläche schwimmen und der Schlamm aufgewühlt ist, dann braucht es nur

Meditation ist ein Ereignis

Geduld. Setze dich einfach ans Ufer. Beobachte ganz unbeteiligt. Und während der Bach weiterfließt, werden die toten Blätter weggespült, und der Schmutz wird sich setzen, denn er kann nicht immer oben schwimmen. Nach einer Weile merkst du plötzlich, daß der Bach wieder kristallklar ist.

Immer wenn dir ein Verlangen durch den Sinn geht, wird der Bach trübe. Setze dich also einfach hin. Versuche nicht, irgend etwas zu tun. In Japan wird dieses »einfach dasitzen« Zazen genannt – einfach dasitzen und nichts tun. Und eines Tages ereignet sich Meditation. Es ist nicht so, daß du sie dir holst, sie kommt zu dir. Und wenn sie kommt, erkennst du sie sofort; sie ist immer schon dagewesen, du hast nur nicht in die richtige Richtung geschaut. Du hattest den Schatz seit jeher bei dir, doch du warst mit anderem beschäftigt, mit Gedanken, mit Wünschen, mit tausend anderen Dingen. Einzig an etwas hattest du kein Interesse: an deinem eigenen Sein. Je besser du den Mechanismus des Denkens verstehst, desto größer ist die Möglichkeit, daß du nicht eingreifst. Je besser du verstehst, wie der Verstand funktioniert, desto größer ist die Möglichkeit, daß du in Zazen sitzen kannst, daß du einfach nur dasitzen kannst, dasitzt und nichts tust; daß du zuläßt, wie sich Meditation ereignet.

Sie ist ein Ereignis.

Meditation ist Transformation

Wenn du einen starken Widerstand gegen Meditation verspürst, dann ist das lediglich ein Zeichen, daß du tief in dir drin auf der Hut bist; es könnte ja etwas geschehen, das dein ganzes Leben verändert. Du hast Angst, neu geboren zu werden, du hast zu viel in deine alten Gewohnheiten, deine alte Persönlichkeit, deine alte Identität investiert.

Meditation ist nichts anderes als der Versuch, dein Sein zu reinigen, der Versuch, frisch und jung zu werden, der Versuch, lebendiger und wacher zu werden. Wenn du vor Meditation Angst hast, zeigt das, daß du Angst vor dem Leben hast, Angst vor Bewußtheit. Du wehrst dich, weil du spürst, daß unweigerlich etwas geschehen würde, wenn du in Meditation gehst.

Wenn du anderseits gar keinen Widerstand empfindest, dann vielleicht deshalb, weil du Meditation nicht so wichtig nimmst, dich nicht aufrichtig auf Meditation einläßt. Dann kannst du damit herumspielen - was gibt es da schon zu befürchten?

Meditation ist Heimkehr

Es gibt zwei Ebenen in dir: die Ebene des Denkens und die Ebene des Nicht-Denkens. Oder anders ausgedrückt: die Ebene, wo du dich an der Peripherie deines Seins befindest, und die Ebene, wo du im Zentrum deines Seins bist. Jeder Kreis besitzt ein Zentrum, es mag dir bewußt sein oder nicht. Vielleicht ahnst du gar nicht, daß es ein Zentrum gibt, doch es muß eines geben. Du bist eine Peripherie, du bist ein Kreis, also ist da ein Zentrum. Ohne dieses Zentrum kannst du nicht sein. Es gibt einen Kern deines Seins.

In jenem Zentrum bist du bereits ein Buddha, ein *Siddha*, einer, der heimgekehrt ist. An der Peripherie bist du in der Welt – im Denken, in Träumen, in Wünschen, in Ängsten, in tausend und einem Spielchen. Und du bist beides.

Nach und nach wird es dir gelingen, dich ganz mühelos von der Peripherie ins Zentrum und vom Zentrum an die Peripherie zu bewegen – genauso wie du in dein Haus hinein und wieder hinaus gehst. Du machst kein Problem daraus. Du sagst nicht: »Ich bin draußen vor dem Haus, wie komme ich bloß wieder hinein?« Und ebensowenig sagst du: »Ich bin im Haus, wie komme ich bloß wieder hinaus?« Wenn draußen die Sonne scheint, wenn es warm und angenehm ist, sitzt du im Garten. Dann wird es zunehmend heißer. Jetzt ist es draußen nicht mehr angenehm, du beginnst zu schwitzen und fühlst dich unbehaglich. Also stehst du einfach auf und gehst ins Haus. Dort ist es kühl, dort fühlst du dich nicht unbehaglich, dort ist es angenehm. So gehst du immer wieder hinein und hinaus.

Genauso bewegt sich ein Mensch mit Bewußtheit und Verständnis von der Peripherie zum Zentrum, vom Zentrum zur Peripherie. Er bleibt auf nichts fixiert. Vom Marktplatz zum Kloster, von *Sansar* zu *Sannyas*, von extravertiert zu introvertiert – ständig bewegt er sich hin und her, denn beides sind seine Flügel. Sie sind sich nicht feind; man kann sie auf entgegengesetzten Seiten im Gleichgewicht halten. Und das ist auch nötig, denn wenn beide Flügel auf der gleichen Seite sind, kann der Vogel nicht in den Himmel fliegen. Sie müssen in entgegengesetzte Richtungen weisen, sie müssen die Balance halten. Und trotzdem gehören sie demselben Vogel zu, dienen sie demselben Vogel.

Dein Äußeres und dein Inneres sind deine Flügel. Das muß man sich sehr gut einprägen, weil es sonst möglich ist ... der Verstand neigt dazu, sich zu fixieren. Es gibt Menschen, die auf den Marktplatz fixiert sind; sie sagen, sie kämen da nicht weg; sie sagen, sie hätten keine Zeit für Meditation, und selbst wenn sie Zeit hätten, wüßten sie nicht, wie man meditiert, und seien ganz sicher nicht dafür geeignet. Sie seien materialistisch eingestellt – wie könnten sie da meditieren? Sie sagen: »Leider sind wir

Meditation ist Heimkehr

extravertiert – wie können wir da nach innen gehen?« Sie haben nur einen Flügel gewählt. Und wenn sie am Ende frustriert sind, so ist das nur natürlich. Nur einen Flügel zu haben führt unweigerlich zu Frustration.

Dann gibt es Leute, die die Welt satt haben und vor der Welt flüchten, die in Klöster gehen und in den Himalaja, die *Sannyasins* werden, Mönche werden, die alleine leben und sich ein introvertiertes Leben aufzwingen. Sie schließen die Augen, sie schließen alle ihre Türen und Fenster und werden wie Leibnitzsche Monaden – fensterlos. Und dann langweilen sie sich.

Vom Marktplatz hatten sie die Nase voll, sie waren müde und frustriert. Es war das reinste Irrenhaus, sie konnten keine Ruhe mehr finden. Es gab zu viele Beziehungen und nicht genug freie Zeit, nicht genug Raum, um sich selbst zu sein. Sie verloren sich in den Dingen und vergaßen ihr Wesen. Sie wurden immer materialistischer und immer weniger spirituell. Sie verloren die Richtung im Leben aus den Augen, sie waren sich ihres Seins nicht mehr gewahr. Und dann flüchteten sie. Frustriert und angeekelt flüchteten sie. Nun versuchen sie allein zu leben, ein introvertiertes Leben zu führen. Früher oder später jedoch wird ihnen das langweilig. Sie haben einen anderen Flügel gewählt, aber wiederum nur einen. So führen sie erneut ein einseitiges Leben. Sie sind am anderen Pol dem gleichen Irrtum verfallen.

Meditation ist Heimkehr

Ich bin weder für die eine noch für die andere Seite. Ich möchte, daß ihr fähig werdet, auf dem Marktplatz zu leben und trotzdem meditativ zu sein. Ich möchte, daß ihr euch auf die Menschen bezieht, daß ihr liebt, daß ihr Millionen von Beziehungen knüpft, weil sie euch bereichern, und daß ihr dennoch in der Lage seid, zuweilen eure Türen zu schließen und eine Zeitlang von allen Beziehungen frei zu sein, damit ihr einen Bezug zu eurem eigenen Sein habt.

Sei in Beziehungen mit andern, aber sei auch in Beziehung mit dir selbst. Liebe andere, aber liebe auch dich selbst. Gehe nach außen. Die Welt ist wunderschön und voller Abenteuer, sie ist eine Herausforderung, sie macht dich reicher. Laß diese Gelegenheit nicht ungenutzt vergehen. Wenn die Welt an deine Tür klopft und dich ruft, gehe hinaus! Und gehe ohne Angst – es gibt nichts zu verlieren, sondern alles zu gewinnen.

Aber verirre dich nicht. Gehe nicht immer weiter, bis du dich am Ende verirrt hast. Kehre zwischendurch nach Hause zurück. Vergiß die Welt ab und zu – das sind die Augenblicke der Meditation. Wenn du ausgeglichen werden willst, dann solltest du jeden Tag das Innere und das Äußere in ein Gleichgewicht bringen. Miß ihnen gleichviel Gewicht, damit du im Innern nie einseitig wirst.

Das ist gemeint, wenn ein Zen-Meister sagt: »Steige in den Fluß, aber erlaube dem Fluß nicht, deine Füße zu

Meditation ist Heimkehr

berühren.« Sei in der Welt, aber verfalle ihr nicht; sei in der Welt, aber erlaube der Welt nicht, in dir zu sein. Wenn du heimkehrst, kommst du nach Hause – als wäre die ganze Welt um dich herum verschwunden.

Meditation ist Freude am Leben

Das Leben hat keinen bestimmten Zweck. Erschrick nicht. Die ganze Vorstellung von einem Zweck ist falsch, sie entspringt der Habgier. Das Leben ist die reinste Freude, es ist ein Spiel, ein Spaß, ein Lachen ohne jeden Zweck. Das Leben ist sich selbst genug, es hat keinen anderen Zweck. Wenn du das verstanden hast, weißt du auch, was es mit Meditation auf sich hat. Meditation bedeutet, dein Leben freudig, spielerisch und total zu leben, ohne Zweck, ohne ein bestimmtes Ziel vor Augen, ohne jede Absicht. So wie kleine Kinder, die am Strand spielen und Muscheln und bunte Steine sammeln – zu welchem Zweck? Es gibt überhaupt keinen Zweck.

Über Osho

Osho wurde am 11. Dezember 1931 in Kuchwada, Madhya Pradesh, Indien, geboren. Seit seiner frühesten Kindheit war er rebellisch und unabhängig und bestand darauf, die Wahrheit selber zu erfahren und nicht Wissen und Glauben von anderen anzunehmen.

Nach seiner Erleuchtung im Alter von einundzwanzig Jahren beendete er seine akademischen Studien und lehrte als Professor einige Jahre Philosophie an der Universität von Jabalpur. Währenddessen reiste er in ganz Indien herum, hielt Vorträge vor Zehntausenden von Zuhörern. Er forderte die orthodoxen religiösen Führer in öffentlichen Debatten heraus und stellte traditionelle Glaubenssysteme in Frage.

Ende der sechziger Jahre entwickelte Osho seine berühmten dynamischen Meditationstechniken. Der moderne Mensch, so sagt er, sei so beladen von überlebten Traditionen und von Ängsten des modernen Lebens, daß er sich einem tiefen Reinigungsprozeß unterziehen müsse, bevor er zu einem gedankenfreien, entspannten Zustand der Meditation gelangen könne. Fünf Jahre später entstand um ihn herum eine Kommune in Poona. Nach und nach strömten Tausende von Besuchern aus dem Westen zu ihm.

Im Verlauf seiner Arbeit hat Osho über praktisch alle Aspekte der Entwicklung des menschlichen Bewußtseins gesprochen. Er hat die Essenz dessen herauskristallisiert, was wesentlich für die spirituelle Suche des modernen Menschen ist und sich nicht auf intellektuelles Verständnis stützt, sondern von eigener existentieller Erfahrung genährt wird.

1981 reiste Osho nach Amerika, nach Oregon. In einem abgelegenen Tal in der Wüste wurde die Stadt Rajneeshpuram gegründet. Von Anfang an war dies der Reagan-Regierung ein Dorn im Auge. An die fünftausend Sannyasins nahmen an diesem Experiment teil. Zu den Festivals, die einmal im Jahr stattfanden, kamen bis zu zwanzigtausend Besucher.

Vier Jahre später wurde Osho gezwungen, Amerika zu verlassen, und seine abenteuerliche Odyssee durch die ganze Welt begann. Über zwanzig Länder verweigerten ihm die Einreise.

1986 traf er in Bombay ein, um kurze Zeit später wieder nach Poona überzusiedeln. Der Ashram wurde modernisiert, und bald strömten die Suchenden aus allen Kontinenten der Welt herbei.

Osho verließ seinen Körper am 19. Januar 1990 – während man ihn im Jahr 1985 wegen technischer Immigrationsvergehen inkognito in Haft hielt, wurde er durch Agenten der US-Regierung vergiftet.

Osho Commune International

Man könnte die von Oshos Vision geleitete Osho Commune International in Poona, Indien, als ein Laboratorium bezeichnen, als ein Experiment zur Schaffung des »Neuen Menschen« - eines Menschen, der mit sich selbst und mit seiner Umgebung in Harmonie lebt und sich von allen Ideologien und Glaubenssystemen befreit hat, die die Menschheit heute spalten.

Die Osho Multiversity bietet in neun verschiedenen Fakultäten Hunderte von Workshops, Gruppen und Trainings an. Alle Programme sind darauf ausgerichtet, den Teilnehmern zu helfen, die Kunst der Meditation zu erlernen: das passive Beobachten von Gedanken, Emotionen und Handlungen, ohne Beurteilung, ohne Identifikation. Im Gegensatz zu vielen anderen östlichen Traditionen ist Meditation in der Osho Commune ein untrennbarer Bestandteil des täglichen Lebens - bei der Arbeit, in Beziehungen, im Dasein. Hier entsagt man also nicht der Welt, sondern bereichert sie, gespeist von einer tiefen Achtung für das Leben, mit dem Geist der Bewußtheit und des Feierns.

Der Höhepunkt des Tages in der Commune ist das Meeting der Osho White Robe Brotherhood. Diese zweistündige Feier mit Musik, Tanz, Stille und einem Videovortrag von Osho ist einmalig - in sich eine vollständige Meditation, wo sich Tausende von Suchern, mit Oshos Worten, »in einem Meer der Bewußtheit auflösen«.

Yaa-Hoo!Bücher

Der Weg zu sich selbst.

Ein weiteres Buch über Meditation, wo Osho über den Weg nach innen spricht, den Weg der Meditation, der allein zu wahrer Zufriedenheit und Erfüllung führt. Ein wahrer Schatz für jeden Suchenden!

»Ich sage nicht, ihr sollt euch konzentrieren. Konzentration ist eine Art Zwang, eine Art Spannung. Wenn man sich auf einen Gedanken, auf eine Form, ein Bild oder ein Wort konzentriert, führt das weder zum Nichtdenken noch zum Erwachen des Bewußtseins, sondern zu einem unbewußten Zustand der geistigen Benommenheit. Es ist wie Selbsthypnose. Erzwungene Konzentration führt zu Unbewußtheit. Und es ist ein Irrtum, diese Unbewußtheit für *Samadhi* zu halten. Samadhi ist weder ein Zustand der Unbewußtheit noch der Benommenheit, *Samadhi* ist das Erlangen des vollkommenen Bewußtseins. *Samadhi* ist die Verbindung von Nichtdenken und vollkommener Bewußtheit.«

Osho, Der vollkommene Weg
Taschenbuch, 4-farbiger Umschlag, 208 Seiten.
ISBN 3-909910-00-9.

Yaa-Hoo!Bücher

Der Weg des spirituellen Suchers.

Diese alte Sufi-Geschichte, kommentiert von Osho, ist eine
märchenhafte Parabel, die den Weg des spirituellen Suchers
spiegelt.

»Die Geschichte, mit der wir uns heute befassen, ist eine der
großartigsten Geschichten. Sie hat jenes Aroma, wie es nur
Sufi-Geschichten besitzen. Sie ist unvergleichlich. Wenn ihr
diese Geschichte verstehen könnt, habt ihr das innerste
Geheimnis der Religion verstanden. Wenn ihr diese Geschichte
aber nicht verstehen könnt, könnt ihr Religion überhaupt nicht
verstehen.

Was hier steht, gehört zum eigentlichen Fundament religiösen
Bewußtseins. Ohne es kann es keine religiöse Transformation
geben. Hört euch darum diese Geschichte so aufmerksam wie
nur möglich an. Laßt sie tief in euch hineinsinken. Diese
Geschichte kann eine Tür öffnen; diese Geschichte kann eine
so radikale Veränderung in eurem Leben auslösen, daß ihr
vielleicht nie wieder dieselben sein werdet. Die Geschichte
muß aber ganz genau und mit viel Umsicht und Liebe
verstanden werden, denn es ist eine sonderbare Erzählung.«

Osho, Mojud – Der Mann mit dem unerklärlichen Leben
Taschenbuch, illustriert mit sehr schönen Bildern.
4-farbiger Umschlag, 96 Seiten, ISBN 3-909910-02-5.

Yaa-Hoo!Bücher

Om Mani Padme Hum.

Osho spricht über das HierJetzt, über das tibetanische Mantra
Om Mani Padme Hum und das indische *Satyam Shivam
Sundram*, über Baschos Haiku und Buddhas *Charaiveti,
charaiveti*, über die russische Dichtung, über Jesus, Laotse
und Krishnamurti.
Mit einem Vorwort von Devageet, Oshos Zahnarzt, der diese
»Aufzeichnungen« während der zahnärztlichen Behandlungen
in Rajneeshpuram, Amerika, aufgeschrieben hat.

»Es ist erstaunlich, wie alle Religionen der Welt sich über
›Om‹, den klanglosen Klang einig sind. Es ist das einzige,
worüber sich alle Religionen einig sind, und es gibt immerhin
dreihundert davon. Warum? Warum sind sie sich nur über
diesen einen Punkt einig? Weil man es hören kann, wenn man
diese Höhen erlangt ... Es klingt überall ... Es schwingt. Om ...

Om Mani Padme Hum

Om ist der bedeutungsvollste Laut, den der Mensch je
geäußert hat.«

Osho, Aufzeichnungen eines Verrückten
Taschenbuch, bebildert, 4-farbiger Umschlag, 112 Seiten.
ISBN 3-909910-05-X.

Yaa-Hoo!Bücher

Gespräche mit dem Meister.

Osho geht im kleinsten Kreise auf die individuellen Fragen
seiner Gäste ein – persönliche Gespräche über die Beziehung
zwischen Meister und Schüler.

»Ein Leben ohne Liebe ist ein lebloses Leben. Man lebt es auf
Sparflamme, schlägt sich so durch, aber es ist eine Last. Es
ist langweilig, bedeutungslos, wie ein Warten darauf, daß
nichts geschieht. Es ist ein langsames Sterben.

Liebe jedoch bringt Transformation mit sich. Liebe ist wie ein
Frühling – plötzlich beginnen verborgene Quellen zu fließen.
Zum ersten Mal fühlst du den Zauber der Existenz, das
Abenteuer, den unwiderstehlichen Lockruf des Unbekannten ...

... Alles, was du brauchst, ist bereits in dir. Nur eine kleine
Wendung nach innen, und schon kommt es zu einer
Transformation ...

... Ein Schüler zu sein bedeutet genau dies: dem Meister
gegenüber offen zu sein, um seine Liebe annehmen, um seinen
Überfluß aufnehmen zu können, so daß er dich mit allem, was
er hat, überschütten kann.«

Osho, Zu Füßen des Meisters
Taschenbuch, bebildert, mit vielen alten Geschichten über
Buddha, Zen-Meister, und Sufi-Mystiker.
4-farbiger Umschlag, 256 Seiten, ISBN 3-909910-01-7.

Yaa-Hoo!Bücher

Selbsterkenntnis ist Leben.

»In der Nacht hat es geregnet. Alles ist noch feucht, und die Erde duftet. Die Sonne steht schon hoch am Himmel. Eine Herde Kühe trottet hinüber in den schattigen Wald. Die hölzernen Glocken um ihren Hals haben einen lieblichen Klang. Ich habe ihnen eine Weile zugehört. Jetzt sind sie schon weit weg, und vom Klang ihrer Glocken ist nur noch ein schwaches Echo geblieben. Unterdessen haben sich ein paar Leute bei mir eingefunden. Sie fragen: ›Was ist der Tod?‹ Ich sage ihnen: ›Wir kennen das Leben nicht, und deshalb gibt es den Tod. Selbstvergessenheit ist Tod. Ansonsten gibt es keinen Tod, sondern nur eine Veränderung.‹ Weil wir das Selbst nicht kennen, haben wir ein illusionäres Selbst geschaffen, und das ist unser Ich, das Ego. Es existiert nicht wirklich, sondern ist nur scheinbar da. Nur dieses falsche Gebilde zerbricht. Und weil wir uns damit identifiziert haben, macht uns sein Zerbrechen unglücklich. Wenn man diese Täuschung erkennt, solange man noch lebt, bleibt man vor dem Tod bewahrt. Erkenne das Leben, dann ist Schluß mit dem Tod. Was ist, ist unsterblich. Es zu erkennen bedeutet, das ewige, unvergängliche Leben zu erlangen. Dasselbe habe ich gestern auf einer Versammlung gesagt: Selbsterkenntnis ist Leben. Selbstvergessenheit ist Tod.«

Osho, Die Saat der Weisheit
Taschenbuch, bebildert, 4-farbiger Umschlag, 160 Seiten.
ISBN 3-909910-04-1.

Yaa-Hoo!Bücher

Dein Spiegel.

Ein Buch voller Überraschungen – 80 »leere« Seiten, die dein Wesen widerspiegeln. Mit zwei wunderschönen Geschichten über die Leere, erzählt von Osho.

Osho, Das Buch der Leere
Taschenbuch, 4-farbiger Umschlag, 80 Seiten.
ISBN 3-909910-03-3.

Oshos Bücher sind im Buchhandel erhältlich und auf der ganzen Welt in vielen Sprachen veröffentlicht worden. Für Informationen über Osho, seine Meditationen, Bücher und Kassetten sowie über Adressen von Osho Meditations- oder Informationszentren in Ihrer Nähe wenden Sie sich bitte an:

Osho International Foundation
24 St. James's Street
London SW 1A 1HA, England

Osho Commune International
17, Koregaon Park
Poona 411001, Indien